111 GRÜNDE, WIEN ZU HASSEN

DIE REIHE MIT DEM
KACKENDEN HUND

MARKUS LUST

111 GRÜNDE, WIEN ZU HASSEN

ZU HASSEN

DIE STADT SO, WIE SIE WIRKLICH IST

SCHWARZKOPF & SCHWARZKOPF

INHALT

lung vom Glück haben – Weil die Autoritätshörigkeit hier niemals stirbt – Weil das geistige Alter immens ist – Weil Wiener extrem und gleichgültig auf einmal sind – Weil es immer noch die Stadt der Neurosen ist – Weil unser gemeinsames Haustier »Paranoia« heißt – Weil man sich hier niemals festlegt – Weil Wien aus »Pickenbleibern« besteht – Weil Wien unter einem chronischen Mangel an Selbstkritik leidet

Weil Wien nur das Schlimmste aus den Leuten herausholt – Wegen des Geredes von der Gentrifizierung – Weil unser Parlamentsgebäude alles sagt, was man über Demokratie in diesem Land wissen muss – Weil der Westbahnhof renoviert wurde – Weil der Meiselmarkt existiert – Weil nach dem Ende der Pratersauna nichts mehr kommen kann – Weil Christkindlmärkte die schlimmste Seite des Winters sind – Weil immer noch Orte nach Antisemiten benannt sind – Weil immer noch Plätze nach Nationalsozialisten benannt sind

Weil Wien die Habsburger immer noch zurück will – Weil unser Kaiser offiziell nie abgedankt ist – Weil Wien der Welt immer noch um Jahre hinterherhinkt – Weil die Stadt ein einziger cholerischer Schnellkochtopf ist – Weil wir Nazitum noch als Arbeiterrebellion feiern – Weil Wien sich immer noch nach dem Nationalsozialismus ausstreckt – Weil unsere Neutralität nichts wert ist – Weil der Akademikerball furchtbar ist – Weil die Aufregung um den Akademikerball genauso furchtbar ist – Weil wir das Naziverbot auch gegen Linke einsetzen – Weil unsere Rechten sogar noch ein Problem mit Frauen haben – Weil unser Frauenbild in der Kaiserzeit stecken geblieben ist – Weil die Reaktionären hier immer noch die größte Lobby haben – Weil Frauen hier nur acht Prozent der Straßennamen ausmachen – Weil bei uns immer der 1. April 2000 ist

sind – Weil die Englischkenntnisse ein Witz sind – Wegen der allgemeinen Aversion gegenüber Fremdsprachen – Weil wir Weltmeister im Deutschlandhass sind – Weil Fußball-Rassismus bei uns Mediensache ist

Weil unser größtes Problem »Zweite Kassa bitte!« heißt – Weil man bei uns Angst vor Abtrennschiebern haben muss – Weil wir selbst für Rolltreppen Regeln haben – Weil unsere Verklemmtheit nur auf Kirchenfassaden aufbricht – Weil wir keine Warteschlangenkultur haben – Weil wir immer noch titelhörig sind – Weil die Leute hier das Lautstärke- empfinden von Bibliothekaren haben – Weil die Leute hier gerne im Namen aller sprechen – Weil Wiener nur im Kopf rebellieren – Weil wir uns am liebsten aus Prinzip aufregen – Weil es in Wien keine Zivilcourage gibt

Weil man es trotz allem einfach lieben muss

Ein großes Danke für die Hilfe und die Inspiration an:

Lena Auer, David Bogner, Susanne Knoll, Franz Lichten-
egger für den Souvenir-Punkt, Manuel Lust, Tori Reichel
für den Punkt zur Pratersauna, Eva Maria Reisinger, Jakob
Steiner, Alexandra Zawia.

VORWORT

Wien ist eine Theaterstadt. Und damit meine ich nicht, dass es die Heimat des Burgtheaters ist, wo Thomas Bernhards berühmtes Stück *Heldenplatz* uraufgeführt wurde und für einen Skandal sorgte. Ich meine, dass Wien eine einzige große Bühne ist, deren Bewohner alle zum Ensemble gehören: Nichts ist echt, alles ist Drama, keiner räuspert sich zu laut, und jeder hat einen Fixplatz hinter den Kulissen, von wo aus man dem naiven, uneingeweihten Publikum aus Touristen und »Zugereisten« genüsslich dabei zusehen kann, wie es in die Falle tappt. Und Fallen gibt es hier überall. In der Sprache, von der die Wiener gerne mit kokaingleicher Realitätsverweigerung behaupten, es sei Hochdeutsch; in den Kaffeehäusern, die eigentlich nur noch Las-Vegas-Karikaturen ihrer selbst sind; und in den Sehenswürdigkeiten, die manchmal harmlos aussehen, aber eigentlich voller perverser Details sind (wie die Fassade des Stephansdoms) oder nur so vor optischen Täuschungen strotzen (wie das österreichische Parlament). Kommen Sie, schauen Sie – und bitte gehen Sie danach auch schnell wieder weiter. Mehr zu den einzelnen Punkten später. Hier soll es erst mal um nichts Geringeres als die ganze Stadt gehen.

Wenn man Wien in nur einem Wort beschreiben müsste, wäre es wahrscheinlich Unehrlichkeit. Solange man den Wienern glaubt, was sie sagen, und ihnen sagt, was man meint, hat man die Stadt nicht verstanden. Stattdessen sollte man an jeder Höflichkeit zweifeln und seine eigenen Botschaften so gut wie möglich hinter einem Theatervorhang aus verkomplizierten Andeutungen und passiv-aggressiven Befehlen in Frageform verstecken. So wie man es in Argentinien als gierig empfindet, wenn Leute aufessen, oder es in Mexiko eher zugeknöpft wirkt, wenn man pünktlich am vereinbarten Treffpunkt auftaucht, wird man in Wien immer für ein bisschen einfältig gehalten werden, wenn man einander nichts vorspielt. Ehrlichkeit ist für Menschen ohne Fantasie und für solche, die auch ohne zusätzliche zwischenmenschliche Probleme auskommen, wie Ausländer oder Kinder. Für alle anderen ist Wien eine einzige überschminkte, aufgetakelte Freakshow aus Postkartenbildern und Pappaufstellern; und ich meine nicht nur die Gebäude, sondern auch die Menschen.

Das Schönste an den Menschen hier ist, dass niemand so sehr über Wien lästert wie sie – bis es dann jemand anders tut und man plötzlich zu glühenden Verteidigern der Stadt wird. Auf einmal fallen Begriffe wie Walzer, Tradition und schöne blaue Donau; also all die Dinge, mit denen man sonst das ganze Jahr über nichts zu tun hat, aber die man völlig ungeniert in jede TV-Kamera plärren würde, wenn wieder mal ein ausländischer Sender zur Wahlbeobachtung vorbei käme, um mit Straßeninterviews und Nahaufnahme der jüngsten Rechtswende nachzuspüren. Das ist das Phänomenale an den Einwohnern dieser Stadt: Sie unterbrechen ihr Gejammer nur, wenn sie provoziert werden. Und zwar von jemandem, der besser jammert als sie. So etwas lassen die Wiener nicht auf sich sitzen und beginnen mit der Rückeroberung. Die Fiaker! Der Stephansdom! Das Kosmopolitische! Und überhaupt!

Insofern ist dieses Buch natürlich nicht nur für alle, die Wien gern von seiner schlechtesten Seite kennenlernen wollen oder sich von Wien lossagen müssen; es ist nicht nur für alle Deutschen, die unseren Minderwertigkeitskomplex verstehen wollen, und auch nicht nur für alle Menschen aus den österreichischen Bundesländern, die die großkopferten Hauptstädter schon nicht mehr hören und sehen können; es ist auch und vor allem für die Wienerinnen und Wiener. Weil ich weiß, wie schwierig es ist, seine eigene Stadt zu lieben, wenn man sie nicht grade gegen Anfeindungen verteidigen muss. Gern geschehen.

Markus Lust

KORREKTUR-BEDÜRFTIGES

WEIL WIEN NICHT DIE STADT MIT
DER HÖCHSTEN LEBENSQUALITÄT IST

Jedes Jahr kommt einmal die Zeit, in der die österreichischen Medien kollektiv sämtliche Regeln der journalistischen Berichterstattung vor Aufregung über Bord werfen und sich in der Euphorie des Moments zu haltlosen Positivmeldungen hinreißen lassen. Es ist die Zeit, wenn wieder jemand eine neue Studie zur Lebensqualität veröffentlicht und Wien, zum wiederholten Mal, einen Platz unter den Top 3 der Welt bescheinigt.

Wenn die österreichische Medienlandschaft sonst aus 50-jährigen Schachspielern besteht, verwandelt sie sich zum Erscheinungstermin einer neuen Lebensqualität-Studie in eine Gruppe von 50-jährigen Schachspielern, die versehentlich LSD genommen hat und am Wiener Gürtel unter lauten Brunftschreien auf vorbeihuschende Ratten uriniert.

Das liegt mit Sicherheit auch daran, dass Meldungsjournalismus generell nicht gerade der Ort für raffinierten Subtext ist und »Wien Nummer 1« auch irgendwie griffiger klingt als eine differenzierte Betrachtung dazu, wie diese Studien zustande kommen und was sie eigentlich tatsächlich messen. Aber es liegt zu mindestens genauso vielen Teilen auch daran, dass es eben um Wien geht – dasselbe Wien, in dem wir Wiener WOHNEN!!!! – und kritische Distanz schnell kollektiver Betriebsblindheit weicht, wenn man auf einmal selbst gelobt wird.

Eine jener Studien, die uns regelmäßig den Top-Spot unter den internationalen Großstädten attestiert, ist die sogenannte Mercer-Studie. Vielleicht nicht ganz nebensächlich ist dabei, dass Mercer ein weltweites Personal- und Consultingunternehmen ist, das keineswegs die Lebensqualität der Einwohner misst – oder überhaupt irgendetwas, wenn wir schon dabei sind –, sondern dem es lediglich darum geht, mittels Fragebogen-Erhebung festzustellen, wie gut es Manager und andere Auslandsmitarbeiter von internationalen Institutionen und Konzernen rund um den Erdball an einzelnen Locations haben. Das ist für besagte Manager und Auslandsmitarbeiter natürlich immer noch verdammt relevant; wer würde sich schon gerne in eine Stadt schicken lassen, wo die Hotels etwas anderes als Evian führen und man beim Herbeiwinken eines Taxis Gefahr läuft, Augenkontakt mit Einheimischen halten zu müssen. Was es hingegen nicht ist, ist das, als das es die österreichischen Medien in ihrer ritualisierten Eigenlobhudelei gern darstellen: nämlich die auch nur irgendwie wissenschaftliche Erhebung über die tatsächliche Lebensqualität von Wienern in Floridsdorf oder Favoriten. Ich bin mir zwar ziemlich sicher, dass Wien auch dabei nicht den letzten Platz belegen würde, aber eventuell würde das Ergebnis doch zwei, drei Nuancen weniger rosig ausfallen. Um die Mercer-Studie ebenso unwissenschaftlich auf den Prüfstand zu stellen, habe ich übrigens in einer nicht repräsentativen Gegenstudie 100 Junkies zwischen Gürtel und Stadtpark befragt und bin brisanterweise zum gegenteiligen Ergebnis gekommen.

2. GRUND

WEIL DIE KAFFEEHAUSKULTUR GENAUSO ECHT IST WIE DISNEYLAND

Für kaum etwas anderes ist Wien so berühmt wie für seine Kaffeehäuser. Oder zumindest für seine Kaffeehauskultur. Hier wurde zum Fin de siècle (dem vorletzten, nicht dem letzten) Literatur gelebt und Boheme geatmet; hier hat sich der Nichtadel erstmals den öffentlichen Raum erobert. Für die nicht ganz so schicke Gesellschaft der Herumlungerer und Poeten hat das Kaffeehaus das getan, was Graffiti ein paar Generationen später für die neuen Herumlungerer und Poeten tun sollte: Präsenz zeigen und den reaktionären Säcken nicht das Feld und das Stadtbild überlassen. Das Wiener Kaffeehaus ist also wichtig und einzigartig und unser Prestigeprojekt, wenn es darum geht, anderen Ländern zu zeigen, was für eine wilde Freigeisterkultur wir hier in Wien haben. Oder irgendwann mal hatten. Zumindest für ein paar Jahre in ein, zwei Lokalitäten in der Wiener Innenstadt. Außerdem schmeckt der Kaffee nirgendwo sonst auf der Welt so gut, und wer sich hier nicht zumindest so intensiv mit der Getränkekarte beschäftigt wie ein Bachmann-Preis-Juror mit einem Text von Tex Rubinowitz und Stefanie Sargnagel, begeht ein unverzeihliches Sakrileg. Wien ist die Wiege dieser Kultur, und wem das nicht passt, der darf sich vom nächstbesten Oberkellner gleich ein unehrlich gemeintes »Küss die Hand« abholen.

So weit zumindest der überlieferte Mythos. Und ich gebe zu, ich bin in meinem ersten Jahr in Wien auch gern ins Café Central gepilgert, um irgendwie ein Teil davon zu werden (oder was auch immer man als 18-Jähriger mit fettigen Stirnfransen und kaputten Innentaschen denkt, wenn man auf altehrwürdig angeranzten Sitzbezügen Platz nimmt und irgendwelche Notizen auf lose Pappteller schreibt).

In Wahrheit ist das Wiener Kaffeehaus nicht ganz so altehrwürdig oder einzigartig und schon gar nicht seinen Ruf wert. Das fängt schon mit der Historie an. Die ersten Kaffeehäuser gab es im heutigen Syrien und in Ägypten. Und auch das erste Kaffeehaus Europas eröffnete nicht in Wien, sondern 1645 am Markusplatz in Venedig. 1650 folgte das zweite Kaffeehaus in Oxford und zwei Jahre später eines in London. Wer denkt, darauf müsse dann aber bald Wien gefolgt sein, hat fast recht. Davor sperrte aber noch ein Kaffeehaus in Marseille auf. Und eines in Amsterdam. Und eines in Den Haag. 1672 folgte dann noch eines in Paris. Und dann 1673 eines in Bremen und 1677 eines in Hamburg. 1685 eröffnete dann tatsächlich auch eines in Wien. Ich bin beim Nachzählen zwar kurz eingenickt, aber ich denke, es ist fair, zu sagen, dass wir zumindest nicht zur Avantgarde an der Kaffeefront zählten.

Seine Blütezeit im späten 19. und frühen 20. Jahrhundert erlebte das Kaffeehaus mit gebührender österreichischer Zeitverzögerung. Wichtige Schauplätze der Künstler- und Schriftstellerkultur waren das Café Griensteidl und, vor allem nach dessen Schließung, das bereits erwähnte Café Central. Hier spielte Leo Trotzki Schach, und Peter Altenberg schrieb nicht nur seine telegrammartigen Beobachtungen des Wiener Lebens nieder, sondern ließ sich sogar die Post hierher liefern. Außerdem wurde die Tradition, den Kaffee mit einem Glas Wasser zu servieren, hier begründet; nicht etwa, weil Kaffee dehydriert (was er nicht tut), sondern um den eher mittellosen Schriftstellern die Peinlichkeit zu ersparen, zu schnell einen neuen bestellen zu müssen. Es muss eine flirrende, vibrierende, kunstfreundliche Zeit gewesen sein, und allein für diese Vorstellung liebe ich das Märchenwien der alten Kaffeehäuser. Beide Traditions-Kaffeehäuser gibt es heute noch immer – oder genauer gesagt schon wieder.

Das ist eins der Probleme mit der angeblich antiken Kultur: Sie ist nicht sehr viel authentischer als das Venice Hotel in Las Vegas oder die Nachbildung von Paris in der chinesischen Provinz Zhejiang. In Wahrheit hatte das Griensteidl fast 90 Jahre geschlossen und wird heute vom Catering-Anbieter Do & Co betrieben; und auch das Central wurde im selben Gebäude, aber nicht ganz an derselben Stelle dem Original nur nachempfunden. Daran ändert leider auch nichts, dass im Central eine Peter-Altenberg-Figur den Eingang säumt und in bester Disney-Manier erlebbar machen soll, wie es damals gewesen sein muss, hereinzukommen und den Dichter persönlich anzutreffen – übrigens jemand, der eine ausgeprägte Vorliebe für junge, kindliche Mädchen hatte, schwerer Alkoholiker war und sich sein Bier sogar ins Sanatorium einschleusen ließ, es aber, ganz Österreicher, irgendwie schaffte, daraus eine liebeswerte Attitüde zu machen. All das nimmt die Puppe in Blassrosa nicht so eng, und man muss ja nicht immer und überall so lange herumbohren, bis man irgendwas findet, bittscheeen.

Für Stefan Zweig war das Kaffeehaus noch »eine Institution besonderer Art [...], die mit keiner ähnlichen der Welt zu vergleichen ist«. Das mag einmal gestimmt haben, falls man den Märchen und Mythen der Wiener glaubt, die allerdings auch nicht unbedingt für ihren sorgsamen Umgang mit historischen Fakten bekannt sind. Heute ist das einzig Echte in Wiens Traditionscafés vermutlich die unhöfliche Art des Personals.

3. GRUND

WEIL DIE MIETEN ENTGEGEN ALLER GERÜCHTE EIN WAHNSINN SIND

In seinem Artikel über die hohe Wiener Lebensqualität vom 23. Februar 2016 zitiert der britische *Guardian* eine in Wien geborene Frau, die erzählt, dass sie für ihre 100-Quadratmeter-Wohnung in bester Lage nur 20 Gehminuten vom Zentrum nicht mehr als 800 Euro pro Monat – und damit acht Euro pro Quadratmeter – zahlt. Das ist großartig, und ich werde mich hüten, den O-Ton aus dem *Guardian* auf seine faktische Korrektheit zu hinterfragen; auch wenn die Zeitung nicht unbedingt erklärt, wer die Zitatgeberin ist oder mit wie vielen anderen Mietern in Wien die Redaktion noch gesprochen hat.

Sicher, die Höhe der Mietpreise kann ein finanzieller Indikator für die Lebensqualität in einer Stadt sein. Genauso wie das Bruttoinlandsprodukt, das bei Österreich laut *Guardian* zu einem der höchsten weltweit gehört, nur wenig hinter dem der USA und noch vor Großbritannien und Deutschland. Aber was die BIP-Rechnung nicht berücksichtigt, ist dieser kleine Bankenskandal rund um die Hypo Alpe Adria, der Österreich erstens den internationalen Spitznamen »kleines Griechenland« eingebracht hat und uns zweitens mit 19 Milliarden Euro Schulden zurückließ und damit in etwa gleich viel kostet wie sämtliche Flüchtlinge zwischen 1950 und 2275 zusammen. Verschuldet wurde der Spekulationsskandal übrigens von der FPÖ Kärnten – und damit einem Landesarm jener Partei, die heute am lautesten gegen Flüchtlinge mobil macht. Die Hypo ist zwar nicht »die Wirtschaft«, und Kärnten ist nicht Wien, aber die Rechnung des *Guardian*, der das Landes-BIP als Argument für die Qualität von Wien heranzieht, ist so leider nicht haltbar.

Dasselbe gilt leider für den zitierten Mietpreis von acht Euro pro Quadratmeter. Das ist erfreulich für die Zitatgeberin, aber auch einigermaßen weit vom Durchschnitt entfernt. Eine kleine interne Umfrage unter zehn Leuten in der Wiener *VICE*-Redaktion ergab, dass die Leute in meinem unmittelbaren Umfeld durchschnittlich elf Euro pro Quadratmeter zahlen. Und niemand hier lebt in einem prunkvollen Jahrhundertwende-Bau, wie ihn die Befragte im *Guardian* beschreibt. Sieht man sich darüber hinaus die Statistik an, liegt der niedrigste Durchschnittspreis pro Quadratmeter sogar bei 11,97 Euro – und zwar in Simmering, dem 11. Bezirk, den die meisten Wiener außerhalb von Simmering für zwei Dinge kennen: Erstens für den kurzzeitigen Reality-Soap-Star Maxl, der für seinen ausschweifenden Weinkonsum und seine cholerische Art bekannt war und sich den Namen seines Bezirks in Korinth-Lettern auf den Arm tätowieren ließ, bevor er wenig später nicht restlos überraschend wegen eines auf Facebook geposteten Hitlergrußes ein paar Sympathiepunkte verspielt hat. Und zweitens, weil Simmering seit den (letzten) Wienwahlen im Herbst 2015 zum ersten Mal seit 1945 keinen sozialdemokratischen Bezirksvorsteher mehr hat, sondern das Amt nun von einem Vertreter der rechtsextremen Freiheitlichen bekleidet wird.

Noch mal zusammengefasst: Simmering ist mit knapp zwölf Euro Quadratmeterpreis das Nächstbeste, an das man als Mieter in Wien an die acht Euro Quadratmeterpreis aus dem *Guardian*-Artikel herankommt. Die etwas weniger isolierten Bezirke rund um den Wiener Gürtel, wo die meisten jüngeren Menschen wohnen, sind preislich sogar eher bei 15 Euro (innere Gürtel-Bezirke) beziehungsweise zwölf bis 13 Euro (äußere Gürtel-Bezirke) angesiedelt. Trotzdem hat Wien immer noch den Ruf, zum Wohnen eine eher günstige Stadt zu sein. Das mag im Vergleich zu New York und London auch nach wie vor stimmen, aber dafür ist man in Wien eben auch in Wien. Um sich an den Mythos heranzutasten, sehe ich nur zwei Wege: sich »Simmering« auf den Unterarm tätowieren lassen, aufgeben und in den FPÖ-Bezirk ziehen oder aber beim *Guardian* nach der Nummer dieser einen bezaubernden Wienerin fragen, die auf ihren 100 Quadratmetern bestimmt ohnehin ziemlich einsam lebt.

4. GRUND

WEIL WIEN DEN SCHLECHTESTEN MODESTIL ALLER GROSSSTÄDTE HAT

Vielleicht habt ihr von den schicken Boutiquen in Wien Neubau gehört oder wart selbst schon mal in einem der Flagship Stores im 1. Bezirk einkaufen, in denen die Bediensteten dafür bezahlt werden, sich so zu verhalten, als wären sie Vertreter einer Herrenrasse und ihr nur Würmer, die man seinem Schoßhund aus dem Darm entfernen lässt. Tatsächlich gibt es in Wien eine ziemlich erstaunliche Dichte an Shops, die nahelegen würde, dass in Wien alle *i-D* lesen und sich komplett bei Hendrik Vibskov einkleiden. Solche Leute gibt es natürlich – nur sind es meistens skandinavische Touristen. Ansonsten ist Wien ein Loch aus absoluter Stillosigkeit. Coole Shops helfen dabei gar nichts, weil die Leute ihren Geschmack leider nicht an ihre Geldbörse delegieren können, und auch teure Marken sind keine Garantie dafür, dass ihre Träger nicht wie ein Statist bei den Geissens aussieht (Ed Hardy: never forget).

18

Ich habe außerdem die These, dass alle namhaften Designer mit voller Absicht auch hässliche Stücke in jede ihrer Kollektionen einbauen, damit sich die Geschmacklosen eben nicht einfach anhand eines Markennamens oder des Preises von ihrem Mode-Analphabetismus befreien können. Das ist vielleicht gemein, aber wäre ich Designer, würde ich auch nicht wollen, dass ausgerechnet meine schönsten Sachen von Stil-Insulanern aufgekauft werden, die sie dann beim Golfspielen oder in furchtbaren Kristallbars tragen. Ich würde aber auch nicht auf ihr Geld verzichten wollen und deshalb zwei, drei besonders auffällige, extra hässliche Teile mit entwerfen, die sich quasi von selbst schneidern und mir neben einem Batzen Schnösel-Cash auch die wohlige Gewissheit einbringen würden, dass reiche Idioten freiwillig mit meinem »Vorsicht, stilloses Arschloch«-Wasserzeichen herumlaufen.

Das Problem ist nur: Wien besteht hauptsächlich aus der Zielgruppe für diese besonders auffälligen, extra hässlichen Teile. Der gemeine Wiener zeichnet sich dadurch aus, dass er zielsicher das stilistisch verbrecherischste Einzelstück findet, mit zehn Jahre alten, metallic-blau gestreiften Asics kombiniert (»Die sind noch gut, damit bin ich nur drei Jahre gelaufen!«) und das Ganze mit einer farbenfrohen Hose mit Lederapplikationen auf den Gesäßtaschen abrundet. Wer sportlich wirken will, trägt Jeansstoff. Wer stylish wirken will, kauft das gesamte Outfit einer Schaufensterpuppe in der Neubaugasse. Sogar unter jüngeren Menschen gilt es immer noch als cool, den Alternative-Rock-Band-Look der frühen Neunziger oder – noch schlimmer – die Talkmaster-Outfits der späten Neunziger aufzutragen. Keine weiteren Fragen, Euer Ehren.

5. GRUND

WEIL DIE UNI WIEN VIEL SCHLECHTER IST
ALS IHR RUF

Die Universität Wien ist die älteste im deutschsprachigen Raum und feierte erst kürzlich ihr 650-jähriges Bestehen. Das ist zwar eigentlich kein Jubiläumsdatum, und ich finde, dass man alles über 100 nur noch in Hunderterschritten feiern sollte; aber weil solche Gelegenheiten PR-technisch wertvoll und praktisch viel zu selten sind, hat sich die Alma Mater aller Studentenpartyveranstalter und akademischen Nichtkünstler die Gelegenheit nicht nehmen lassen und kurzerhand eine Schoko-Charme-Offensive ausgerollt, die in Wien … naja, zumindest bis zur U-Bahn-Station Schottentor – Universität, wirklich absolut jeden Menschen erreichte und gehirnwusch. Was uns dabei auch wiederholt in Erinnerung gerufen wurde, war das eigentliche Gebäude am Ring, das definitiv nach wie vor einer der schönsten Prachtbauten Wiens ist. Alt und ehrwürdig ist sie, die Universität Wien, und darüber hinaus hat sie den unglaublichen Imagevorteil gegenüber anderen Institutionen, dass sich die schönsten sexiesten Geschöpfe jeder Stadt, also ihre Studierenden, freiwillig als Testimonials hergeben. Das ist aber nicht alles.

Denn die Uni Wien ist auch ein Magnet für deutsche »Numerus Clausus-Flüchtlinge« und ein furchtbares, aus allen Nähten platzendes Monstrum, das sich auf der internationalen Rangleiter der weltbesten Unis beständig nach unten frisst und dabei Unmengen an Geld (sowie Träumen und Hoffnungen) verschluckt. Der gigantische Koloss wird mit 522 Millionen Euro pro Jahr finanziert, was im Vergleich zur viel kleineren Ludwig-Maximilians-Universität München mit ihren 488,6 Millionen Euro eine eher unverhältnismäßig niedrige Summe ist. Denn obwohl die Uni Wien nur 33,4 Millionen mehr als die LMU zur Verfügung hat, müssen hier knapp doppelt so viele Studierende betreut werden. Das macht zwar die Uni an und für sich nicht besser, erklärt aber vermutlich, warum die Uni Wien im Times-Higher-Education-Ranking zuletzt auf Rang 170 landete. Wir alle lieben die Uni Wien für ihren freien Bildungszugang in vielen Fächern, aber die Knappheit der Gelder gerade in den Kultur- und Geisteswissenschaften ist, unakademisch ausgedrückt, richtig beschissen. Das weiß jeder Student, der schon mal auf dem Gang vor einem Seminarraum außer Hörweite saß, nur um sich auf der Anwesenheitsliste einzutragen. Es gibt bestimmt auch fortschrittliche Institute, intime Lehrveranstaltungen und engagierte Dozenten an der Uni Wien. Leider muss man dafür aber Judaistik oder Vergleichende Literaturwissenschaften studieren, was sich irgendwann später im Leben mit einer ausgeprägten Alkoholabhängigkeit rächen wird.

Ich selbst hatte auf der Uni genügend Momente sowohl für eine Lobhudelei als auch für eine Hasstirade – was daran liegen könnte, dass ich insgesamt knapp ein Jahrzehnt inskribiert war. Aber wenn ich mich für eine einzige Erinnerung entscheiden müsste, dann wäre das – neben den Germanistik-Vorlesungen von Wendelin Schmidt-Dengler, der es auf ziemlich beeindruckende Art schaffte, in eine Lesung über Klassizismus seine Kritik an der FPÖ einzubauen – der eine Geburtstag, den ich fast komplett an der Uni Wien verbracht habe. Zur Feier des Tages hatte ich nämlich mit einem Freund eine der besagten Schmidt-Dengler-Lesungen besucht und mit mehreren Liter Cola-Rum begossen. Anschließend verbrachte mein Freund mehrere Stunden damit, die gesamte WC-Kabine (die zugegeben schon einigermaßen renovierungsbedürftig war) mit rosarotem Erbrochenem zu tapezieren. Ich schätze, das ist es wohl, was andere Studenten meinen, wenn sie sagen, dass sie nach Wien gekommen sind, um »im Abgrund das Schöne finden«. Mit meinem Freund von damals habe ich heute eher wenig Kontakt.

WEIL DAS WIENER KABARETT
UNGLAUBLICH PRÄTENTIÖS IST

Die Deutschen haben Comedy, die Österreicher Kabarett. Entlang dieser Bruchlinie spielt sich der letzte große Krieg zwischen den beiden Kulturnationen ab. Also, zumindest aus österreichischer Sicht. Denn wie so oft haben die Größeren auch hier die Gelassenheit und sich noch nie Gedanken über die Befindlichkeiten der Kleineren in Bezug auf die geteilte Komik gemacht. Für Deutsche ist alleine schon das Kaugummiartige an der wienerischen Sprachmelodie eine eigene Humorgattung: Bittscheeeee, dankscheeee, grüüüüßi, haaaawideeehre. Für Österreicher ist genau dieses Gefühl, immer ein bisschen verarscht zu werden, Grund genug, wie ein kleiner dicker Demagoge mit dem Fuß aufzustampfen und beim großen Bruder nach Wunden zum Herumstochern zu suchen.

Eine solche Bruchstelle, in die wir uns seither eingenistet haben – auch wenn sie eigentlich nur ein Haarrissbruch ist –, ist eben die fixe Überzeugung, dass der Deutsche (Singular, alle meinend) viel zu plump und direkt für wirklich guten Humor ist und nur wir Österreicher, oder noch spezieller: wir Wiener (Plural, auch alle meinend) das nötige Feingefühl und die ausreichend malträtierte Seele haben, um wirklich nuancierte Komik zu gebären. Das ist natürlich Bullshit. Sicher, wir sind nach wie vor die Gepeinigten, die im Gemeindebau hinter vorgehaltener Hand über häusliche Gewalt witzeln und denen es vor Schadenfreude die spröden Lippen aufspannt, wenn wir vom Unglück der anderen hören. Aber nur, weil wir über etwas lachen, macht es das noch lange nicht zu Humor. Bei all dem Makabren und Morbiden, das unsere Stadt immer noch wie Sehnen durchzieht (»Schau, a Leich!«), vergessen wir gern, dass das, was heute gern als der gute Wiener Humor stilisiert wird, seit jeher der jüdische Witz war, den die Juden in dieser seltsamen Zeit, als

Charlie Chaplin an der Macht war, mit nach New York genommen haben und der seither dort aufs Unkorrekteste, Herrlichste gedeiht, während in Wien nur die Reste verwertet und zu einem humorigen Eintopf aus halb garen Selbstüberschätzungsbröckchen eingekocht werden.

Und um keine Missverständnisse aufkommen zu lassen: Natürlich haben wir Wiener auch ein paar zeitlose Highlights an der Humorfront produziert. Da wäre zum Beispiel *Der g'schupfte Ferdl*, das wahrscheinlich beste österreichische Kabarettlied und nichts Geringeres als die 1952er-Entsprechung zu einem zungenbrecherischen Rap-Song, in dem der große Gerhard Bronner die Geschichte eines Pärchens erzählt, das beim Tanzabend in eine Schlägerei gerät und einem Mehrfachmord nur dadurch entgeht, dass man sein Messer zuvor an der Garderobe abgeben musste.

Dann gibt es da noch das berühmte Sittenbild *Der Herr Karl*, in dem Helmut Qualtinger den prototypischen Wiener gibt, der im Keller beim einen oder anderen Schluck Hauswein über eine Stunde hinweg laut über sein Leben, die Vergangenheit und den Führer mit den »blauen Augen« nachdenkt – auch ein Stück österreichische Kammerspiel-Genialität, das Tarantino nicht besser inszenieren hätte können. Auch ein Fixpunkt auf der ewigen Watchlist eines jeden echten Wieners ist natürlich das großartige *Ein echter Wiener geht nicht unter*, eine fast neorealistische Serie über den cholerischen Arbeiter und ehemaligen Gewichtheber Edmund »Mundl« Sackbauer, den wir zu gleichen Teilen lieben und hassen und der für die Entstehungszeit Mitte der 70er-Jahre erstaunlich konsequent auf häusliche Gewalt verzichtet. Was Wiener weniger gerne hören ist, dass die Serie auf dem deutschen Vorbild *Ein Herz und eine Seele* basiert, mit deren Protagonist, dem Ekel Alfred, Mundl Sackbauer sogar eine Crossover-Folge hat und die wiederum auf dem britischen *Till Death Us Do Part* basiert. Dass ausgerechnet dieser originäre Wiener Urtext eigentlich ein Apokryphen-Spin-off à la *Stromberg* ist, sollte man dem echten Wiener so gut es geht vorenthalten, um ihn vor seinem tatsächlichen Untergang zu bewahren – oder es als geheime Mindfuck-Waffe in der Hinterhand behalten.

Von den etwas neueren Humorberuflern ist vor allem Josef Hader als Leuchtturmwärter zu erwähnen; obwohl (oder gerade weil) er zu der depressiveren Gattung gehört, die das Licht wahrscheinlich extra ausmachen würden, wenn ein Brachialhumor-Dampfer auf uns zukommen würde. Hader scheut die lauten Gags, aber nicht die ruhigen Minuten ohne Pointe, und glaubt man historischen Artefakten aus dem *Quatsch Comedy Club*, funktioniert seine gebeutelte Kaputtnik-Komik sogar überregional. Trotzdem: Das alles ist nicht so wienerisch, wie wir gerne hätten, und weitaus tiefer in der jüdischen Humortradition verankert, als den Wienern immer noch recht ist. Dort, wo Hader aus dem Danebenhauen eine Masche macht, ist Louis CK tausendmal treffsicherer lustig, ohne sich auszuverkaufen.

Genau hier liegt das größte Grundproblem im Selbstverständnis des Wiener Humors: Wir haben diese tiefsitzende Skepsis gegenüber allem, was besser, professioneller und erst recht unterhaltsamer ist als unser Alltag. Dort, wo wir eine Pointe identifizieren und andere laut auflachen, fangen wir präventiv an, die Arme zu verschränken und die Augen zusammenzukneifen. Es könnte ja gleich lustig werden, und damit wollen wir nur etwas zu tun haben, wenn irgendwer uns gleichzeitig sein Leid offenbart oder unfreiwillig vorgeführt wird. Das ist aber eben auch nur lustig, wenn es gut gemacht ist. Und wenn man abseits von Hader die Probe aufs Exempel macht und in ein x-beliebiges Kabarett geht, wird man in Wien schlechter bedient als bei einem durchschnittlichen Besuch im Quatsch Comedy Club.

Was hier auftritt, ist handwerklich in der Regel ganz nah an einem Karikaturenzeichner, der in Touristenstraßen für zehn Euro Porträts von Kindern macht, die von den Eltern nur bezahlt werden, weil die nervigen kleinen Quälgeister dann endlich für zehn Minuten stillsitzen müssen. Es sind abgehalfterte alte Männer, die unter Humor Alkoholismus verstehen, oder übermotivierte junge Männer mit Gelfrisuren und breiten Mündern, die am Land wahrscheinlich bei einer Hochzeitsband gelandet wären. Ganz selten sind es auch mittelalte Frauen, die es auf die Altwiener Nachtclub-Tour versuchen und halb anzügliche Lieder über ihr Liebesleben singen. Als Wiener akzeptiert man alle diese miserablen Darbietungen – inklusive der im Anschluss stattfindenden traurigsten Autogrammstunden der Welt – aus einem einfachen Grund: weil wir es mögen, uns über andere zu erheben, die auf der Bühne oder im Fernsehen schlechter in etwas sind, als wir beim Zuschauen von uns glauben, dass wir es wären, wenn wir es denn jemals versuchen würden.

7. GRUND

WEIL SOGAR UNSERE VERRÜCKTEN UNCOOL SIND

Der Wiener Wahnsinn lebt noch heute von seinem guten Ruf, den Freud und all die anderen Verkappten so sorgfältig kultiviert haben. Und es stimmt ja auch: Wie jede Großstadt brütet auch Wien seine ganz eigenen Neurosen und Neurotiker aus, und jeder, der sich länger als einen Snapchat-Besuch hier aufhält, erlebt früher oder später seine ganz persönliche Coocoo-Anekdote, um sie in verrückten All Caps auf seinem Blog zu posten. Der Punkt ist, dass diese Anekdoten circa so spannend sind wie die meisten Durchschnittsblogs eben auch – und schuld daran sind (neben den Bloggern) vor allem die Irren selbst.

Ein Beispiel: »Die eine Verrückte vom Schottentor«, die wahrscheinlich jeder Wiener kennt, der regelmäßig an der Öffi-Schneise zwischen Universität und Innerer Stadt vorbeikommt, ist eine ruhige, besonnene Frau, die wie die Ritalin-Version der Katzenlady aus den *Simpsons* aussieht und sich mit ihren feingliedrigen Fingern Schuppen aus den Haaren zupft. Das Einzige, was sie zu »der einen Verrückten« macht, ist der Umstand, dass sie dabei auf dem Boden sitzt und vor sich hin murmelt; zwei Dinge, die jeder ehrbare Weltbürger mindestens einmal in seinem Leben im öffentlichen Raum gemacht haben sollte, um nicht hinter vorgehaltener Hand als »analer Charakter« bezeichnet zu werden.

Noch ein Beispiel: »Der eine Verrückte namens Pharao«, den ziemlich sicher jeder Wiener auch abseits von Universität und Innerer Stadt (aber auch dort) schon einmal gesehen hat, ist ein immer im Anzug gekleideter, mit roter Krawatte und roter Kangol-Kappe ausgestatteter Schwarzer, der bei jeder Demo mit marschiert, auf jeder Party auftaucht und in jedem Park schon einmal geschlafen hat. Und die einzigen Dinge, die ihn zu »dem Verrückten namens Pharao« machen, sind, dass er Visitenkarten mit mehr Text als ein Song von Harry Shotta verteilt, gefühlt auf jedem Foto von jeder politischen Veranstaltung aus jeder Epoche zu sehen ist (ein bisschen wie Jack aus *The Shining*) und manchmal zu später Stunde in Bars Dinge sagt wie »Niemand liebt meinen Schwanz« (auch hier wieder: erster Stein und so).

Erst vor Kurzem habe ich in der Straßenbahn einen alten zerzausten Mann mit bodenlangem *Doctor Who*-Schal aus Seide gesehen, der zuerst eine Frau auf ihr Smartphone ansprach, indem er sagte: »Warum können Sie sich kein richtiges Buch kaufen? Das kostet doch 10.000 Euro! Danke für die Information! Küss die Hand!«, bevor er in der Ecke Platz nahm, einen Block mit Skizzen vollkritzelte (oder vielleicht auch nur seine Unterschrift übte) und die Blätter halb zerknüllt auf dem Boden rund um sich verstreute, als würde er sich ein Bällebad aus Papier zurechtmachen. Die Geschichte wäre auch nicht mal einen Reiseblog-Beitrag wert, wenn da nicht die total entsetzte Reaktion so ziemlich aller anderen Fahrgäste gewesen wäre: Die wichen nämlich entsetzt in den vordersten und hintersten Quadratmeter der Straßenbahn aus, als hätte der

Mann »Allahu akbar« gerufen und dabei einen Rucksack in die Luft geworfen.

Wer schon einmal im Leben einen Reisepass benutzt hat, ist Wilderes von Flughäfen, Bahnhöfen oder Raststationen gewohnt. Damit will ich nicht sagen, dass diese drei Personen bei einem Staatsempfang niemandem auffallen würden. Aber wer tut das nicht? Baumeister Richard Lugner zum Beispiel hat es mit seiner Verhaltensauffälligkeit zum Lokal-Promi geschafft – und er veranstaltet nicht nur jährlich einen gigantischen TV-Rummel am alterwürdigen Opernball, sondern hat noch dazu bereits zwei Mal als Bundespräsident kandidiert, was ihn um ein paar Haare gefährlich nahe an einen tatsächlichen Staatsempfang herangebracht hätte. In anderen Städten ist es eine Leistung, der Gestörte zu sein. Es verlangt harte Arbeit, langjährige Störung und viel Commitment. In Wien reicht es, ein hängen gebliebener Hobbyzeichner zu sein, der mit sehr viel Thug-Life-Habitus zerknülltes Papier in Öffis ausstreut. Verdammt, sogar seine Schuhe waren blitzsauber.

ÖFFENTLICHES BESONDERES

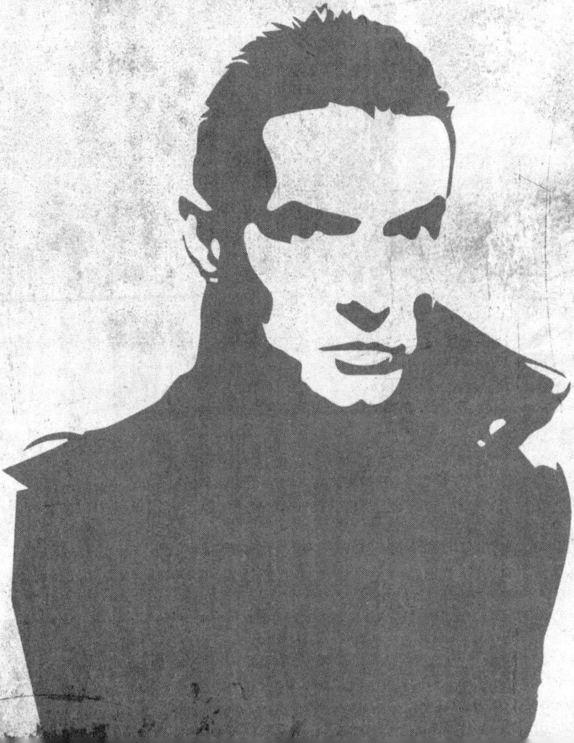

WEIL WIEN VON EINEM MINENFELD
AUS HUNDEKACKE DURCHZOGEN IST

Wien ist nicht nur in dem Sinne traditionell, als dass wir wie alte, arbeitslose Rocker am Würstelstand der glorreichen Vergangenheit nachhängen oder immer noch Beethoven als den heißen Scheiß der Stadt feiern. Wien ist auch in dem Sinne traditionell, als dass wir immer noch den gleichen Umgang mit Kot im öffentlichen Raum pflegen wie zu jener Zeit, als Beethoven noch Gegenwartskünstler war.

Dabei ist die Größe der Haufen indirekt proportional zur Bezirksnummer: Während man es in Döbling, dem noblen 19. Bezirk, noch mit klassischen Chihuahuas und anderen Hunden zu tun hat, die der Größe nach problemlos in die chirurgisch verkleinerten Mägen ihrer Besitzerinnen passen würden, sind es in den schrofferen Innenbezirken, also dem 2. bis 9. Bezirk, schon ausgewachsene Bulldoggen oder Schäferhunde, deren Schissen man leichtfüßig ausweichen muss. Aber die echte Herausforderung stellt der Bezirk Innere Stadt, also der 1. Bezirk, dar.

Hier, im heißen Verdauungszentrum der Innenstadt, trifft jeder unterwegs whatsappende Fußgänger auf seinen Endgegner – und zwar die Pferde der Fiaker, die den Asphalt mit ihren Analäpfeln düngen. Es ist zwar schon um vieles besser geworden, seit die Pferde vor den Touristenkutschen eigene Poo Bags, oder lose hängende Windeln, tragen, aber an einem guten Tag, wenn der Wind richtig steht, kann man in den Ritzen des noblen Kopfsteinpflasters trotzdem noch ganz gut nachvollziehen, wie es im historischen Wien ungefähr gerochen haben muss.

Spannenderweise stellt der Geruch heute, wo man seine Verursacher aus rein praktischer Sicht nicht mehr wirklich zur Fortbewegung oder zur Sicherung des Nachhauseweges ohne Überfall brauchen würde, immer noch kein ausreichendes Ärgernis für die Wiener dar, um Fiaker abzuschaffen oder alle Hunde in den Wienerwald zu verbannen.

Hier gehören Kot produzierende Haustiere so sehr zum guten Ton, dass man sich nicht selten einen Zweithund zulegt, der dem Haupthund als eigenes Haustier zur Seite gestellt wird. Ebenfalls Teil der einheimischen Gepflogenheiten ist es, sein Haustier mindestens einmal pro Woche aus den unterschiedlichsten Gründen mitten auf den Gehweg kacken zu lassen. Falls man sich zu sehr geniert, darf ersatzweise zwischen Autos, neben Motorräder oder einfach in schattige Ecken defäkiert werden, um bei seinen Mitwienern nicht in Ungnade zu fallen. Wichtig ist nur, dass man den hohen Kurs von Kot zu schätzen weiß: In Wien ist der Preis, den man für Luxus zahlt, gewissermaßen in der Scheiße von Vierbeinern aufzuwiegen.

9. GRUND

WEIL TAUBEN HIER DIE MENSCHEN DER LÜFTE SIND

Tauben sind für Wien, was Elvis-Imitatoren für Las Vegas sind: Sie sind allgegenwärtig, niemand will sie berühren und auch, wenn es sie eigentlich überall gibt, gehören sie an diesem Ort irgendwie auf besondere Art dazu. Immerhin haben Städte wie Berlin oder London im Gegensatz zu Wien keinen Song namens *Tauben vergiften im Park* hervorgebracht (was entweder einiges über die Tauben oder über die Menschen in der jeweiligen Stadt aussagt), und überhaupt ist die Hassliebe zwischen unser beider Spezies kaum wo so facettenreich wie in den Parks und Baustellengerüsten von Wien. Natürlich füttern alte Frauen auch in anderen Städten Tauben; aber in Wien hat man dabei immer das Gefühl, dass sie es nicht nur aus Liebe zum Tier, sondern auch aus tiefem Hass gegenüber ihren Mitmenschen tun. Baugerüste sind indes die Angriffsorte, von denen aus die angefütterten Tiere sich schließlich auf das Volk entleeren können. Ich schwöre beim Beelzebub, dass ich bereits Tauben gesehen habe, die mich zuerst angekackt und danach noch einen Blick auf mich geworfen haben, um zu kontrollieren, ob sie auch tatsächlich erfolgreich waren. Insofern ist es auch nicht verwunderlich, dass Menschen wie ich ihre jungen Jahre mit Softguns auf Baugerüsten verbracht haben, um Tauben abzuschießen und zu vertreiben. Auch das ist ein Teil des Wiener Initiationsritus auf dem Weg zum vollwertigen Altersgremlin, der entweder über Tauben schimpft oder sie mit Brotkrümeln fett macht.

Und die meisten sind fett. Sehr fett. Sie sind angefüttert und träge, sie kacken ständig und balzen nur im Notfall, sie stoßen gutturale, kehlige Laute aus, auch wenn sie nur wenige Schritte gehen, und sie halten sich farblich irgendwo zwischen Aschgrau und der perlmuttenen Farbpalette von blauen Flecken auf. Ich weiß, dass Leute mit einem Bachelor in Humor oder einer Comedysendung auf einem Drittsender sie deshalb gerne »die Ratten der Lüfte« nennen, aber ganz ehrlich: Wenn Tauben irgendwas sind, dann doch die Menschen der Lüfte, um nicht zu sagen: fliegende Wiener. Mit dem Ratten-Vergleich tut man den Tauben in Wien in jeder Hinsicht unrecht. Zum einen, weil alle Attribute vom Anfang dieses Absatzes unendlich viel besser auf die menschlichen Bewohner dieser Stadt als auf ihre Ratten zutreffen. Und zum anderen, weil die gemeine Felsentaube einen genauso unsympathischen, aber unaufhaltsamen Eroberungsfeldzug über diesen Planeten unternommen hat wie … naja, nicht wie wir Wiener, aber zumindest wie wir Menschen. Und im argumentativen Notfall darf sogar der Vergleich zwischen Wienern und Menschen sein.

WEIL DIE WIENER ÖFFENTLICHE VERKEHRSMITTEL NICHT VERSTEHEN

Gleich vorweg: Ich verstehe, dass Menschen nicht gerne neben-
einandersitzen. Auch ich habe schon viel zu oft für viel zu lange
Zeit einen warmen Bauch an meinem Ellenbogen gefühlt, der sich
mit jeder weiteren Station ein bisschen mehr aufblähte. Und auch
ich war schon mehr als einmal in der unguten Situation, langsam
mit einem anderen Körper zusammenzuwachsen, weil wir es nach
zehn Minuten beide aufgegeben haben, auf nur einer Arschbacke zu
balancieren, um nicht vom fremden Puls eines demografisch völlig
artunverwandten Sitznachbarn in eine kleine Atemkrise gestürzt
zu werden.

Öffentliche Verkehrsmittel sind auch deshalb eine Brutstelle für
Neurosen (siehe oben), weil wir hier ständig gegen unsere Instink-
te arbeiten. Entsprechend verstehe ich es auch, dass Menschen in
mehr oder weniger leeren Verkehrsmitteln nicht wie Tiere handeln
(die sich vermutlich einfach zu jemandem setzen würden, mit dem
es pheromontechnisch aufs erste Riechen hin passt), sondern eher
wie Elektronen: Man besetzt so lange immer neue Umlaufbahnen
– beziehungsweise Sitzplätze –, bis keine neuen mehr frei sind, und
erst dann – und wirklich *erst dann*, liebe Leute – setzt man sich
notgedrungen nebeneinander. Das ist durchaus akzeptierte Praxis
und nach kaum einem Gesichtspunkt falsch (außer vielleicht, was
diese Sache mit der Nächstenliebe angeht). Das Prinzip funktioniert
bei Elektronen ja auch ziemlich reibungslos.

Problematisch wird es nur, wenn die Elektronen ein bisschen
größer sind und denken – wobei das in vielen Fällen zu viel Ehre ist,
also sagen wir lieber: wenn sie ein Bewusstsein haben. Menschen
sind nämlich nur sehr beschränkt mit Elektronen vergleichbar,
auch wenn sie im Falle von Wienern circa gleich negativ geladen

sind. Anstatt so viel Platz zu beanspruchen, wie der eigene Körper braucht, und den anderen die Möglichkeit zu geben, sich in derselben Reihe einen Platz zu sichern, nehmen Wiener nämlich gerne gleich mehrere Sitzplätze in Beschlag, weil sie der Meinung sind, *dass ihnen verdammt noch mal ihre eigene Umlaufbahn zusteht.*

In noch keiner anderen Großstadt habe ich so viele Menschen in Straßen- oder U-Bahnen gesehen, die so konsequent den äußeren von zwei leeren Sitzen belegen und den inneren als Ablage für ihre Tasche oder auch nur ihr Sandwich verwenden, während sie gleichzeitig mit Kopfhörern und zum Fenster gedrehtem Kopf sicherstellen, dass sie auch garantiert nicht in die Verlegenheit kommen, anderen Menschen den leeren Sitzplatz neben sich frei zu räumen, falls sich der Waggon doch wider Erwarten mit anderen Fahrgästen füllen sollte (und man es auch nicht hört, falls einer von ihnen aktiv fragt, ob der Platz vielleicht noch frei ist). Dasselbe Phänomen erlebt man bei den Stehplätzen in der Nähe der Eingangsbereiche, wo die Wiener gerne unmittelbar hinter der Türe stehen bleiben, auch wenn im Wageninneren mehr Platz ist, weil sie schließlich irgendwann wieder aussteigen und dann gefälligst nicht warten wollen – *im Gegensatz zu allen anderen Fahrgästen*, versteht sich, die nur hier sind, um einen Weltrekord im Rundenfahren aufzustellen.

Falls ihr dieses Buch lest, liebe Gemeinte: Ihr braucht ein privates Verkehrsmittel. Sonst bekommt ihr wirklich noch eine eigene Umlaufbahn – aber nicht in unseren Öffis.

11. GRUND

WEIL DIE LINIE 13A HIER FÜR PROTEST REICHT

Zwei Ziffern, ein Buchstabe, unendlich viele Albträume: Keine andere Bus-, Straßenbahn- oder U-Bahn-Linie beflügelt den Unmut und die Hassfantasien der Eingeborenen so sehr wie der 13A.

Gleichzeitig schweißt kein anderes öffentliches Verkehrsmittel die Menschen in dieser Stadt derart zusammen, was vermutlich einiges über den traurigen Zusammenhang von erlernter Motivation und tief empfundener Ablehnung unter Wienern aussagt.

Die Busse dieser Linie sind so gut wie nie halb voll oder zu einem Maß gefüllt, das darauf schließen ließe, dass die Frequenz und die Linienführung dem Anspruch der Menschen entlang dieser Strecke angemessen wäre. Stattdessen sind die Busse voll wie die verfetteten Arterien eines Altrockers, fahren immer Schritttempo und sorgen trotzdem immer dafür, dass ein alter Dauergast aus dem *Theater in der Josefstadt* auf eine junge Mutter aus Wien Favoriten stürzt. Kurz, der 13A verbindet die Wiener im Hass – und kann es sich auch erlauben, weil es bis zum Bau der U5 für viele keine andere Möglichkeit gibt, sich öffentlich zwischen Alser Straße und Hauptbahnhof zu bewegen.

Dass der Bus dabei auch noch die verkehrsberuhigte Mariahilfer Straße kreuzt, war für manchen Wiener zu viel und hat zu einigen gewalttätigen Massenprotesten mit Molotowcocktails geführt. Und mit gewalttätig meine ich friedlich. Und mit Masse meine ich einen Mann. Und mit Molotowcocktails meine ich ein Plakat. Alles in allem ziemlich wild jedenfalls.

12. GRUND

WEIL FUNKTIONIERENDE ROLLTREPPEN HIER EIN EVENT SEIN KÖNNEN

Der Comedian Mitch Hedberg pflegte zu sagen: »Eine Rolltreppe kann nie kaputtgehen. Sie kann sich nur in eine Treppe verwandeln. Eigentlich sollte es keine Schilder mit der Aufschrift ›Rolltreppe außer Betrieb‹ geben. Nur welche, auf denen steht ›Rolltreppe vorübergehend Treppe. Entschuldigen Sie die Annehmlichkeiten‹.«

Das ist sehr lustig und sehr wahr. Aber der wichtigste Teil daran ist, zumindest wenn man die Situation auf Wien überträgt, das Wort »eigentlich«. Sobald eine Rolltreppe hier nicht mehr geht, wird sie nämlich von fleißigen Arbeitern sofort komplett auseinandergenommen, um somit einer möglicherweise missbräuchlichen Nutzung als Treppe vorzubeugen. Anschließend bleibt die dekonstruktivistische Anordnung dann mindestens so lange in diesem zerlegten Zustand, bis die Ersten beginnen, wütende Postings auf die Facebook-Wall der Wiener Linien zu hinterlassen und passiv-aggressiv Mitch Hedberg zu zitieren. In manchen Fällen dauert es sogar noch ein bisschen länger.

Und in einigen sehr speziellen Fällen bleibt eine Rolltreppe sogar so lange unverändert zerlegt, bis ihre Wiederinbetriebnahme ein regelrechtes Event darstellt – nicht im sprichwörtlichen, sondern im Facebook-Sinn des Wortes. Im Fall des U-Bahn-Aufgang Liechtensteinstraße war die dortige Rolltreppe für die faszinierende Dauer von knapp einem Jahr außer Betrieb – und das bei der ziemlich belebten Station Schottentor-Universität, wo täglich sehr viele Menschen mit sehr seltsamem Spaßempfinden und sehr viel Zeit vorbeikommen. Entsprechend löste die Verkündung ihrer bevorstehenden Wiederingangsetzung eine regelrechte Massenhysterie aus. Im sozialen Netz meldeten sich Zehntausende Menschen an, im echten Offline-Leben waren es immer noch ein paar Hundert, die trotz Schlechtwetter – und Winter – ernsthaft an einen Ort pilgerten, an dem nichts weiter passierte, als dass ein Internet-Gag in die Tat umgesetzt wurde, damit sich die junge Generation von Clicktivisten nicht faul oder inkonsequent schimpfen lassen musste.

Es gab Musik aus Handylautsprechern, förmliches Zuprosten mit Bierdosen und sogar eine zeremonielle Bandzerschneidung (auch, wenn das Band dafür von den Organisatoren der Satire-Veranstaltung selbst mitgebracht werden musste). Das Ganze hieß »Big Opening Rolltreppe« und wurde von Fans mit dem dreihebigen Ruf »ROLL-TRE-PPE!« begleitet. Für einen Flashmob eigentlich ganz lustig. Es wäre allerdings nicht Wien, wenn die Polizei nicht kurz vor 22:00 Uhr das Spaß-Event gesprengt und die verbliebenen Besucher, die sich in Kleingruppen am Bürgersteig unterhielten, wegen Verstoßes gegen § 81 SPG angezeigt hätte: der Störung der öffentlichen Ordnung.

Aus heutiger, fast schon netzhistorischer Distanz ist schwierig zu sagen, was dabei lächerlicher ist: dass Rolltreppen in Wien fast ein Jahr lang stillstehen können, dass die Wiener die Wiederinbetriebnahme als Event feiern, oder dass die Wiener Polizei auf das alles ernsthaft mit Anzeigen reagiert, weil ein Flashmob 15 Jahre nach der Jahrtausendwende noch nicht Satire genug ist.

WEIL DAS ARBEITSAMT EINEN FERTIGMACHT

Ich will nicht sagen, dass der Arbeitsmarktservice oder bei uns »das AMS« nicht auch manchen Menschen hilft. Das tut ja sogar Homöopathie, auch wenn sie an sich wirkungslos ist und man die Arbeit im Grunde komplett selber machen muss, damit der Placebo-Effekt richtig reinkickt. In etwa genauso funktioniert meiner Erfahrung nach auch das AMS. Vielleicht kann es nicht mal sonderlich viel dafür, und das Problem ist wirklich eher das Menschenmaterial der Antragsteller, mit dem die Maschinerie arbeiten muss.

Als ich mich nach meinem Studium beim AMS anmelden wollte (wobei »wollen« in diesem Fall ein Behelfsbegriff ist), bekam ich von meinem Gesprächspartner am Schalter nur zwei vorwurfsvolle Fragen gestellt, nämlich: »Welcher Abschluss?« (Magister der Philosophie) und »Welcher Job?« (Redakteur). Der Mann, dem man im Gesicht ansehen konnte, dass er an den Füßen Birkenstock trug, schniefte kurz – sicher irgendwas mit den Schleimbeuteln –, tippte irgendetwas zweifingrig in seinen Computer und wies mich darauf hin, dass alles Weitere auf dem Zettel stünde. Das System hatte mich eingespeist, und der Rest war ein Reiten auf der wunderbaren Welle der Arbeitslosigkeit, auf dem Weg zum Strand der nächsten Vollzeitbeschäftigung. Zumindest theoretisch.

Wie ich dann durch reines Glück beim ersten Gespräch mit meinem tatsächlichen Betreuer herausfand, hatte der gute Schalter-Inquisitor auf Basis meiner Antworten in mein Profil eingetragen, dass ich 1. Philosophie an der katholischen Hochschule studiert hatte und 2. auf der Suche nach einer Stelle als Bürokaufmann war. Wir gingen sicherheitshalber auch noch den Rest der Information durch und kamen nur noch auf ein paar unwesentliche Zahlendreher in meinen persönlichen Daten. Ich weiß bis heute nicht, was passiert wäre, wenn das Arbeitsamt mir basierend auf dem Profil, das der Birkenstock-Beamte von mir angelegt hatte, einen Job angeboten hätte. Vielleicht wäre ich heute besser mit Excel-Tabellen oder hätte eine tolle Büro-Freundschaft mit einer Gleichgesinnten, die ich jede Mittagspause am Kopierer in irgendeinem Rechtsanwaltsbüro treffen würde. Oder ich wäre selbst der nächste AMS-Schalter-Bully, der gelegentlich absichtlich irgendeinen beschissenen Studenten falsch versteht.

Die Kurse, die man nach einiger Zeit verpflichtend absolvieren muss, waren ein Potpourri aus Strickpullovern, Alkfahnen und narkoleptischem Wegnicken. Unsere Kursleiterin brachte uns auf Röhrenbildschirmen bei, wie man Fotos in seinen Lebenslauf einbaut, und zeigte uns ansonsten gerne Filme über Lichtnahrung, während derer sie ausgerechnet den Kursteilnehmer positiv verstärkte, der ihr unter Zügen von seinem Vaporizer erzählte, dass er jedes Jahr 6 Monate Arbeitslosengeld kassierte und die restliche Zeit in Indien verbrachte, weil es ihn »da einfach hintreibt«. Ein anderer Kursteilnehmer stieß mich einmal in die Seite und fragte mit einem Nicken Richtung Bildschirm: »Gefällt dir diese Wohnung? Ich hab nämlich im Lotto gewonnen. Jetzt muss ich nur noch überlegen, welche Wohnung ich mir nehme.« Wie gesagt: Ich will nicht sagen, dass der AMS nicht manchen Menschen irgendwie hilft. Auch gutartige Tumore helfen manchmal dabei, sich seines Lebens wieder bewusst zu werden. Außerdem ist der AMS nicht nur ein physischer Ort des Schreckens, sondern auch eine immaterielle Einrichtung, die Arbeitslosen Geld auszahlt, und allein dafür muss man es ein bisschen in Schutz nehmen. Für mich war es jedenfalls eine Einrichtung, die sehr viel »Okay, danke, war nett, tschüs«-Gefühl auslöste.

14. GRUND

WEIL DER BÜROKRATISCHE APPARAT VON KAFKA STAMMEN KÖNNTE

Das wahre Problem liegt in unserem Verwaltungsapparat, der ein Relikt aus der Habsburgerzeit ist und damals für rund zehnmal so viele Bürger konzipiert war, wie er heute zu verwalten hat. Und wie das nun mal so ist mit großen Ideen, verhalten sich diese bekanntlich nicht proportional zur Umsetzbarkeit. Überhaupt haben Ideen die ungute Angewohnheit, in ihrer Größe nicht denen zu wachsen oder zu schrumpfen, die diese Ideen in die Welt gesetzt haben. Seit Österreich der eingedampfte Rest seines früheren Reichs ist, haben sich viele Ideen sogar ins Unendliche versteigert – wie immer feinere Äste auf einem Bonsai-Bäumchen. Die Bürokratie ist so ein Bonsai; aber leider einer, der alleine steht und deshalb kein Gefühl für Größenverhältnisse mehr hat.

Was übrigens kaum ein Mensch weiß, ist, dass Franz Kafkas *Das Schloss* – in dem der Landvermesser K. für die bürokratische Anerkennung seiner Existenz eine Odyssee auf sich nimmt, die ihn zum titelgebenden Schloss führen soll, bei dem er aber nie ankommt – eigentlich auf der wahren Geschichte eines typischen Besuchs beim Wiener Magistrat basiert.

Diejenigen, die *Das Schloss* gerade noch mal gegoogelt haben, werden jetzt vielleicht einwenden, dass diese Entstehungsgeschichte weder in der Sekundärliteratur zu Kafka noch als Fun Fact auf irgendeinem Kafka-Fanblog zu finden ist. Das liegt daran, dass diese Menschen im Internet nachgesehen haben. Was sie stattdessen hätten tun sollen, ist, in Wien auf die Straße zu gehen, wildfremden Leuten die Handlung nachzuerzählen und sie anschließend zu fragen, woran diese Geschichte sie am ehesten erinnert. Mit dieser Methode lässt sich schnell eruieren, dass in Wahrheit die halbe Weltliteratur von Wiens Behördensystem handelt; von *Moby Dick* (weißer Wal) über *1984* (großer Bruder) und *Leviathan* (Monster Staat) bis *Inherent Vice* (Wahnsinn, Verschwörung und die Notwendigkeit von Drogen). Und da ist die nicht kanonisierte Jugendliteratur der Webneuzeit noch nicht mal eingerechnet, die ebenfalls frappierende Ähnlichkeit mit Wiens Ämtern hat: *Hunger Games* (wer wird überleben?), *Maze Runner* (Labyrinth, duh?) und *Harry Potter* (Voldemort).

Und wie jeder Hauptwohnsitzer spreche ich aus Erfahrung. Eins meiner Behörden-Highlights war, als ich am Schalter in einen Raum weiterverwiesen wurde, der angeblich eine halbe Etage höher, drei Zimmer weiter, zwei Türen links, eine Treppe runter und dann einfach geradeaus liegen sollte – was mich wieder zurück in den ersten Raum mit dem Schalter führte, woraufhin ich einen kurzen, aber ernsthaften Kafka-Schock erlitt, mich wortlos umdrehte und mit meinem Anliegen wartete, bis ich in einen anderen Bezirk übersiedelt war.

Aber meinen schönsten Behördengang erlebte ich, als ich wegen einer »verpassten« Rauchfangkehrung mal eine Gehaltspfändung von 240 Euro und zwei Besuche vom Gerichtsvollzieher hatte, obwohl ich in der Wohnung längst nicht mehr wohnte, und bei meinem klärenden Termin am Bezirksamt von der bärbeißigen Beamtin im Verhörton gefragt wurde, wo ich vor zwei Jahren am 6. November gewesen sei, bevor sie mir auf mein »Das ist ein Scherz, oder?«-Lachen hin die Frage an den Kopf warf: »Wie haben Sie bitte ein Studium geschafft, wenn Sie nicht mal meine einfachen Fragen beantworten können?« Seit 2011 arbeitet Österreich übrigens an einer Verwaltungsreform. Für Franz Kafka und mich kommt jede Hilfe zu spät. Der Rest sind Bonsais und Blumen.

15. GRUND

WEIL DIE KATHOLISCHE KIRCHE IMMER NOCH UNSER HEIMLICHER MEISTER IST

Katholische Länder haben den unglaublichen Vorteil, dass das Leben hier nicht unbedingt Spaß machen muss, um gut zu sein. Tatsächlich werden wir schnell skeptisch, wenn es zu viel Spaß macht, und beginnen uns zu fragen, wo der Haken ist. Zum Beispiel, wenn fremde Menschen uns in der Öffentlichkeit anlächeln oder wir für länger als 24 Stunden von niemandem gesagt bekommen, dass es an der Zeit wäre, unseren Lebenstraum endlich aufzugeben. Es ist vielleicht auch mehr als ein Zufall, dass diese Eigenschaft gerade im Umgang mit der katholischen Kirche besonders hilfreich ist.

Dass es nicht immer nur ums individuelle Glück geht, wissen auch alle, die in Wien in der Nähe eines Gotteshauses wohnen. Jeden Samstagabend und Sonntagvormittag verkündet hier nämlich ein intensives, nicht enden wollendes Glockenläuten das volle Ausmaß des Glücks, das die gepeinigten, katholischen Seelen beim Gang zur Vergebung empfinden. Dass dieses »sakrale Glockengeläut« gerade am Tag des Herrn – und damit auch der herrschaftlichen Resträusche – jedes Mal so wirkt, als würde es mit 130 Dezibel direkt zwischen den eigenen Ohren stattfinden, ist dabei Nebensache. Da kennt auch das Gesetz keine Gnade; demnach muss das Bimmeln in der Nachbarschaft nämlich »von den Anwohnern hingenommen werden«. Warum, weiß keiner. Wenn Lautstärke jetzt auch Teil der Religionsfreiheit ist, schaue ich *Star Wars* in Zukunft auf voller Lautstärke als Jedi-Ritter.

Aber das sind natürlich keine wirklichen Probleme. Auch, dass die katholische Kirche nach wie vor unsere Woche durchtaktet, inklusive der rigiden Öffnungszeiten, ist überschaubar schlimm. Eigentlich haben die meisten von uns keine echten Probleme, was fast schon ein Problem an sich ist. Wir sind eine katholische Insel der Seligen – aber genau diese Überbehütung führt leider zu einem sehr kaputten Selbstverständnis. Nachdem 2014 ein einzelner Mann aus Ghana mehrere Kirchen verwüstet hatte, ließ sich der ansonsten eher besonnene Kardinal Christoph Schönborn dazu hinreißen, einen gesalzenen Vergleich unter der Soutane hervorzukramen. Bilder wie im Krieg hätten sich uns in den beschädigten Kirchen geboten, hieß es. Bilder, die an Syrien und Bosnien erinnerten. Zugegeben, das war zu einem Zeitpunkt, als die Situation noch nicht ganz so gravierend war, wie sie heute ist; damals hatte der syrische Bürgerkrieg noch nicht mehr als rund 191.000 Menschenleben gefordert, während die Vereinten Nationen im Sommer 2015 die Zahl bereits auf 250.000 Todesopfer schätzten.

Solche Details tun in unserem Land aber sowieso nichts zur Sache, wenn es ans Eingemachte – sprich, ans Innere unserer Gotteshäuser – geht. Man kann ja vielleicht prinzipiell nächstenliebend und vergebend sein, aber wenn es einen erst mal selber trifft, hört der Spaß auf. Dann muss auch nicht darauf herumgeritten werden, ob im einen Fall womöglich viele Hunderttausend Menschen gestorben sind und im anderen Fall eventuell, naja, kein einziger. Was bleibt, ist das kanonische Faktum, dass ein »im besten Fall schwer Geistesgestörter« (Zitat Schönborn) mitten in Wien ein paar Marienstatuen zerbrochen hat. Unnötig zu erwähnen, dass im Angesicht einer solchen satanischen Niederträchtigkeit alle Österreicher über Nacht wieder schwer gläubig wurden und die FPÖ, die sich eigentlich nur dann christlich gibt, wenn es darum geht, sich vom Islam abzugrenzen, auf ihrer Homepage sofort die Regierung (oder den Mob mit seinen Heugabeln) dazu aufforderte, den ghanaischen Kirchenschänder abzuschieben.

Recht haben sie. Schließlich haben in den Stätten unseres Glaubens nur kleine Buben ein Recht auf Belästigung. Die anderen sollen schön unbehelligt diese kleinen Inseln der Seligen ansteuern können, auf die man sich als guter Christ jeden Sonntag zurückzieht, um in idyllischer Nächstenliebe darüber zu lästern, wie wenig die Zahnarztgattin wieder bei der Kollekte ins Körbchen gegeben hat (»Hast du es klimpern gehört?«) oder wie fett der Nachbarsbub geworden ist, der trotz seiner Anfang 30 die ganze Zeit nur in der Nase bohrt, anstatt mit seinen Fingern mal in der Außenwelt nach einer potenziellen Geliebten zu greifen.

Fairerweise muss man bei aller Polemik sagen, dass Kardinal Schönborn sich auch immer wieder für Flüchtlinge einsetzt; so zum Beispiel 2012 im Zuge des Refugee Protest Camps Vienna, und immer wieder zu Weihnachten, wenn er die Herbergssuche als Vergleich für die Flüchtlingssituation in Europa heranzitiert. Ebenso fairerweise muss man aber auch sagen, dass Schönborn der Neokatechumenalen Bewegung nahesteht, die unter anderem an die Allgegenwärtigkeit Satans glaubt. Ja, wir sind immer noch eine katholische Insel der Seligen. Hoffen wir, dass es bei der Insel bleibt.

16. GRUND

WEIL DIE BEAMTENMENTALITÄT ALLES ZERSTÖRT

Das soll hier übrigens kein allgemeines Beamten-Bashing werden. Jeder, der über Schlagwörter hinaus denken kann, weiß, dass Universitätsprofessoren und Mediziner an der Uniklinik hier genauso dazuzählen wie die Schalterfrau mit dem Inhalationsapparat, die für das Abstempeln eines Bescheids 20 Minuten braucht, oder der Typ mit den festen Knochen an der abgeschiedenen Bezirkskassa, der jeden Bittsteller genau sieben Minuten zappeln lässt, bevor er ihn unter enerviertem Schnaufen aufruft und für einen wortlosen Klageblick durch das Plexiglas kurz sein Mahjong-Spiel unterbricht. Die Existenz von Beamten an sich ist nicht das Problem, an dem Wien leidet. Unsere Beamten sind wie wunderschöne Blumen. Manchmal sind sie genau das Richtige – zum Beispiel, wenn man gezielt nach etwas völlig Unpraktischem sucht, das weder den Aufwand noch das Geld wert ist, aber das in der Erinnerung eines geliebten Menschen (und damit auch in der von einem selbst) für einen erhellenden Gedanken sorgt, während in der Gegenwart, im echten Leben, der vor sich hin welkende, tote Vegetationsstumpf langsam miasmische Gerüche wie ein ungewaschener Schritt von sich gibt.

Und dann gibt es da noch die anderen Momente. Momente, in denen man diese wunderbaren Blumen mit ihrem exotischen Aussehen und ihren unpraktisch blühenden Schnörkeln und Behängen, die bei Tageslicht Insekten anziehen, so gar nicht brauchen kann. Weil man stattdessen lieber gewusst hätte, wie man zu einer Steuernummer kommt. Oder welche Unterlagen man braucht, um nicht wegen eines verpassten Rauchfangkehrer-Termins ins Gefängnis zu müssen. Jeder, der in Wien seinen Hauptwohnsitz und damit auch seinen Lebensmittelpunkt hat, ist garantiert schon mal auf seine ganz persönliche Nemesis am anderen Ende des Schalters getroffen. Nicht, weil Beamte etwas dafür können, dass sie Blumen sind. Eher, weil sie in einem Garten gedeihen, in dem sie unter Schutzatmosphäre kultiviert und gezüchtet und gegossen werden.

WEIL DIE TATSÄCHLICHE ÜBERALTERUNG IMMENS IST

Es war einmal eine Zeit, die nannte sich die 70er-Jahre. Es war eine magische, mythische Epoche – zumindest wenn man den Zeitzeugen glaubt, was man irgendwie auch muss, weil das meiste von Relevanz nicht archiviert wurde oder nur die Dinge von Relevanz sind, die nicht archiviert wurden, je nachdem. In diesen 70er-Jahren gingen die Punks noch mit ihren Hunden Gassi und nicht umgekehrt und trugen in Wien Jacken mit der Aufschrift »Wien, du tote Stadt«.

Anders als »Anarchie«, »Nazis Raus« und »Sex Pistols« war dieser Aufnäher aber nicht nur ein völlig austauschbares, pseudorebellisches Statement, das zu gleichen Teilen Politik und Mode abbilden sollte. »Wien, du tote Stadt« traf den Charakter der Donaumetropole so perfekt, als wäre Sigmund Freud nicht vor 75 Jahren an Kehlkopfkrebs gestorben, sondern hätte das letzte Jahrhundert in einem kokaininduzierten Dämmerzustand verbracht, dabei jeden einzelnen der langsam vor sich hin verwesenden Bewohner dieser Stadt analysiert und die Quintessenz in vier Worte gefasst.

Und mit *tot* ist nicht mal Kreativität gemeint, obwohl die letzte kulturelle Innovation, die weiter als bis 1230 (dem Bezirk, nicht dem Jahr) gekommen ist, Lounge-Musik war – Musik von einer so epochalen Langeweile, dass sie auch 20 Jahre nach ihrem offiziellen Absterben Menschen mit posttraumatischen Belastungsstörungen verschrieben wird. Tot heißt, dass mittlerweile jeder zweite Wiener über 70, die Uni voller Pensionisten-Studenten, Peter Rapp bei uns ein jugendlich-spritziges Werbe-Testimonial und Bingo ein gefährlicher Extremsport ist.

Für diejenigen, die Peter Rapp nicht kennen, hier eine kleine Dingsda-Beschreibung: Das ist ein Mann mit Musketier-Bart, der in jungen Jahren mit vielen Leuten in Badewannen Party gemacht hat und im höheren Alter nicht nur neben Sido in einer Talent-show-Jury gesessen hat, sondern auch eine Art Glücksrad moderiert, die so wirkt, als wüsste er nicht, dass Kameras dabei sind. Für diejenigen, die Bingo nicht kennen: Das ist das, was Christoph Waltz in *Inglourious Basterds* hat. Und für diejenigen, die Unis nicht kennen: Das ist das, wo man früher mit einem Job herauskam und in das man heute nur noch mit Nebenjob hineinkommt.

Alles zusammen ist jedenfalls die wahrgewordene Bebilderung des Punk-Claims aus den 70er-Jahren. Man kann für den Seelenfrieden dieser Stadt nur hoffen, dass die Punks, deren Jacken diese Entwicklung schon damals vorausgesehen haben, heute genauso dement sind wie das Publikum der *Brieflos-Show* oder von *Bingo*, diesen öffentlich-rechtlichen Vorabendjuwelen, die vermutlich direkt aus den Köpfen von Alzheimer-Patienten übertragen werden. Unsere einzige Rettung ist jetzt, dass Peter Rapp selbst zum Punk wird und das System von innen heraus zerfickt. Die Affen werden unruhig …

18. GRUND

WEIL SEILSCHAFTEN DEN JOBMARKT DOMINIEREN

Die erste Frage, die ich zu meinem Job meistens gestellt bekomme, ist, wie ich dazu gekommen bin. Die Antwort ist kein Geheimnis: Ich habe eine Mail an die offizielle Info-Adresse geschickt, ein paar Texte angehängt und ohne irgendeiner Art von Zusage gleich angefangen, an meiner ersten Geschichte zu arbeiten, weil ich zeigen wollte, dass ich nicht nur groß reden, sondern auch schreiben konnte. An den Reaktionen sehe ich in etwa genauso oft, dass das nicht die Antwort ist, die sich die Leute erwartet haben – und irgendwie auch nicht die, die sie mir so recht glauben wollen. Der Grund dafür liegt auf der Hand.

In Wien funktioniert die Job-Vergabe größtenteils immer noch so wie die Auswahl der Mitspieler früher beim Völkerball: Es geht nicht um Qualifikation oder objektive Kriterien, sondern um Bekanntschaften und Beziehungen. Wenn du als Kapitän in der nächsten großen Pause nicht alleine herumstehen willst, dann suchst du besser deine Freunde aus; egal, wie fragil ihr Körper ist. Im Wien der Erwachsenen heißt dieses strategische Vorgehen dann Freunderlwirtschaft, aber im Grunde ist es immer noch das gleiche.

Natürlich hat die Stadt in den letzten Jahren auch Fortschritte gemacht: Früher wurden Stellen nämlich ausschließlich nach dem Parteibuch besetzt – mittlerweile können dir auch Freundschaften, Bekanntschaften aus dem Kindergarten oder einfach nur die Familie, in die du hineingeboren wurdest, dabei helfen, die Karriereleiter nach oben zu klettern. Das ruiniert zum einen die Wirtschaft und treibt zum anderen ambitionierte junge Menschen in die Drogensucht, die verbittert feststellen müssen, dass viele Posten schon über die kommenden Generationen hinweg von einer elitären Clique okkupiert sind, die alles unter sich ausmacht.

Irgendwie verstehe ich beide Seiten. Wenn ich den Wikipedia-Eintrag zu Quentin Tarantino lese, fällt es mir auch schwer, zu glauben, dass zwischen seinem Slacker-Job in der Videothek und der ersten Regiearbeit mit Harvey Keitel an Bord nicht zumindest sehr intensives Networking stattgefunden hat. Und genau wie die Leute, die mich nach meinem Werdegang fragen, weil sie sich davon Tipps erhoffen, wie sie die Beziehungs-Firewall hacken können, würde auch ich mir genau diese Passagen ein bisschen detaillierter wünschen, in der Hoffnung, daraus etwas irgendwie Allgemeingültiges abzuleiten.

Das Gute ist, dass ich aus eigener Erfahrung weiß, wie es anders funktionieren kann. Das Schlechte ist, dass ich nicht naiv genug bin, um von meinem einzelnen, zufälligen Glücksfall auf eine systemische Veränderung in der Wiener Besetzungskultur zu schließen. Networking ist die eine Sache, aber was wir in Wien haben, ist astreiner Beziehungs-Adel. Wer das für zu nahe an Verschwörungstheorien gebauten Blödsinn hält, muss nur einen Blick in die Medienlandschaft, den öffentlich-rechtlichen Rundfunk oder die Vergabe von Naschmarktständen werfen.

WEIL DER OPERNBALL EIN WITZ FÜR REICHE IST

Stell dir vor, du bist reich und keiner schaut zu. Hast du dann überhaupt das volle Potenzial deiner Dekadenz ausgereizt? Oder hast du dein Geld einfach nur an dich selber verschwendet? Es sind Fragen wie diese – egal wie stark sie auch an Bullshit-Buddhismus borden mögen –, die die Wiener Kulturelite dazu getrieben haben muss, den Opernball ins Leben zu rufen. Immerhin ist man erst wer, wenn auch wirklich alle wissen, wer man ist. Deshalb geht es beim Opernball auch weniger um echte Exklusivität als darum, den Exkludierten unter die Nase zu halten, was sie gerade nicht haben können.

Die Reichen lassen sich über den Teppich begleiten, vor der Tanzfläche filmen, am Balkon interviewen. Die Frauen tragen bodenlange Abendkleider, die wie Barbie-Kostüme aussehen, aber so viel wert sind wie die Marketingrechte an diesen Barbie-Kostümen. Die Männer tragen Fracks, die schwarz sein müssen und neben einem weißen Hemd auch mit einer weißen Fliege aufgetragen werden – allein aus dem Grund, damit man die Ballbesucher nicht mit den Oberkellnern verwechselt, die traditionell genau dasselbe tragen, nur eben mit schwarzer Fliege (allein diese optische Nähe und penetrante Abgrenzung über neurotische Details sagt viel über diesen Teil von Wien aus).

Wer wirklich was auf sich hält oder gerne hätte, dass andere das für einen erledigen, legt sich natürlich nicht nur ein Ticket für wahlweise 290 Euro (Stehplatz) oder 490 Euro (Sitzplatz) zu. Nein, man überblickt das Ballgeschehen natürlich aus einer Loge, die mit 20.500 Euro veranschlagt wird und dem einzigen Zweck dient, den dieser Abend für Leute, die sich Logen leisten können, hat: angeschaut zu werden, während man alle anderen anschaut.

Immer wieder versuchen Staatsoperndirektoren, Fernsehmoderatoren oder Politiker in einem verzweifelten PR-Rundumschlag, das Event als »Ball der Künstler« oder einfach nur einen Hauch weniger elitär, als es gerade aussieht, umzudeuten. Man pocht dann gerne auf die Tradition, die Echtheit, das Wiener Erbe. In Wahrheit ist der Opernball vor allem deshalb so wienerisch, weil die einzige echte Tradition hier aus dem abfälligen Begaffen von seinesgleichen besteht. Um das Rad am Drehen zu halten, ist der erste Programmpunkt des Abends die Eröffnung durch die Debütanten, die sich natürlich aus den Sprösslingen der Geld- und Kulturgeadelten im Publikum rekrutieren. Es ist gleichzeitig der einzige Programmpunkt des Abends, bei dem die Schnösel auch bei der Sache sind. Der Rest ist ein Nebel aus Arien, »Alles Walzer« und sehr viel weniger Vergnügen, als zum Beispiel eine heiße Tasse Reißnägel oder ein Schlag in die Nieren machen würden.

Das klingt vielleicht, als würde ich mir nur meine Einladung erschreiben wollen, aber in Wahrheit ist das hier ein Drohbrief. Und zwar an mein zukünftiges Ich, das irgendwann vielleicht selbst zur ursupprigen Inzest-Gesellschaft gehören und, völlig weich gespült und defilierversessen, mit dem Kauf einer Karte für diesen Super-GAU aus Kitsch kokettieren könnte, der selbst von Hotelresorts in Las Vegas nur schwer zu überbieten ist. Es ist eine Mahnung an mein vom galligen Speichel der Bussi-Gesellschaft atrophiertes Alters-Ich, das sich denken könnte, dass es vielleicht »in Wahrheit ganz anders ist, als es aussieht«, und das deshalb unter gepolstertem Schulterzucken das Exoskelett aus Frackteilen überzieht, um sich »selber ein Bild davon zu machen«, weil man es »sonst ja auch wirklich nicht sagen kann; und dieses Blumendekor, wirklich herzallerliebst!«. Es ist eine Erinnerung für mich selbst, damit ich nicht

vergesse, dass der Opernball ein Witz ist, dessen Aufbau so furchtbar wie Dantes Vorhölle und dessen Pointe immer wieder Richard
Lugner mit seinen B-prominenten Gästen und Reality-TV-Teams
ist. Ein Witz gespickt mit Figuren, die gerne auf Hochkultur tun,
während sie mehr Geld verpulvern, als ein Jahr echte Kulturför-
derung kosten würde. Also, falls du das hier liest, Zukunfts-Ich:
Ich beobachte dich. Ich kannte dich schon, als du noch nicht mal
aus dem Sud der Schickeria geschlüpft warst. Und ich habe überall
Fallen aufgestellt. Obacht. Und Finger weg von weißen Fliegen.

20. GRUND

WEIL ZWEI TAGE NACHT-U-BAHN NICHT REICHEN

In Linz – der drittgrößten Stadt Österreichs, die dabei mit 198.181
Einwohnern gerade mal so groß ist wie Kassel – gibt es seit einigen
Jahren einen 2,7 Kilometer langen Straßenbahn-Tunnel, der eine
recht ähnliche Funktion hat wie der Kaninchenbau bei Alice im
Wunderland. Also, zumindest für österreichische Provinzverhält-
nisse. Was der Tunnel tut, ist so etwas wie Magie: Er verwandelt
Linz für ein paar Haltestellen in Wien, und zwar mit einer Mini-
U-Bahn, die wenigstens in Bahnhofsnähe bemüht ist, ein bisschen
mondänes Flair in Hitlers Lieblingsstadt zu bringen. Über gute zwei
Kilometer taucht die Straßenbahn dabei aufregend tief ins Erdreich
ein und buddelt sich in neonbeleuchtete Tiefen vor. Ein Spaß für
die ganze Familie, der sich für Linzer Verhältnisse sogar mit recht
wenig Crystal Meth in vollen Zügen genießen lässt.

Jetzt ist das hier natürlich kein Linz-Buch, aber die Linzer
Mimikry-U-Bahn hat trotzdem etwas darin verloren. Und zwar,
weil sie der krampfhafte Versuch einer am Reißbrett entworfenen
Großstadtoffensive ist, die man auf den ersten Blick als solche erkennt und die trotzdem ungeniert nach Plan weitermacht. Es ist

so, als würde man auf einer Beerdigung einen Partyhut aufsetzen, während andere Rotzglocken hochziehen und während der Sakramente auch noch Konfetti in die Luft werfen. Es ist totale Realitätsverweigerung und damit das fundamentale Prinzip, auf dem Wien aufgebaut ist.

Was in Linz die »U-Bahn« ist, ist in Wien der U-Bahn-Fahrplan. Genauso, wie Linz mit einem Tunnel so tut, als wäre es Wien, tut Wien mit seiner »Nacht-U-Bahn« inzwischen so, als wäre es eine Großstadt. Tatsächlich war das Ganze ein jahrzehntelanger Kampf und ist auch heute nur in den Nächten vor Samstagen und Sonntagen wirklich in Kraft. Aber zumindest für die Besucher, die am Sonntag wieder abreisen oder wenigstens den Anstand besitzen, am Sonntag um eine gottesfürchtige Zeit das Bett zu hüten, dürfte die Illusion reichen.

AUF DER COUCH

WEIL WIEN DIE GANZE ZEIT IN DEN SPIEGEL SCHAUT

Natürlich machen zwei Tage Nacht-U-Bahn noch keine echte Kosmopolis und 2,7 Kilometer Tunnel noch keine U-Bahn – genauso, wie rauchende Social-Media-»Kreative« mit Schals noch keine Madison-Avenue-Werbeagentur machen und Wien nicht automatisch zur Jetset-Destination wird, nur weil ein paar Camp-David-tragende Bauingenieure am Samstagnachmittag in einer für das Proletariat gut einsehbaren Wein & Co-Filiale ihre Prosecco-Flöten schwingen.

Was eine echte Großstadt ausmacht, sind vielmehr Menschen, die am Sonntagnachmittag im Pyjama frisches Bibimbap um die Ecke holen gehen, ohne von allen blöd angegafft zu werden. Echte Metropolen geben einen Fick darauf, was irgendwer über sie denkt. Sie sind lebendig, chaotisch, blubbernd und brütend, und sie vergessen schon mal, vor dem Verlassen des Hauses in den Spiegel zu schauen. Sie sind ranzig und zerknautscht und abgefuckt und auf dieselbe Art liebenswert wie eine 75-jährige Bloggerin, die aufgrund ihres Tremens seit zehn Jahren mit dem Lippenstift abrutscht, eine Federboa auf dem Kopf trägt und Zwiegespräche mit eingetretenen Kaugummis führt. Wie weit Wien davon entfernt ist, eine Großstadt zu sein, könnt ihr daran messen, wie viele 75-jährige Bloggerinnen oder Bibimbap-Esser im Pyjama ihr in der Stadt zählt (oder wie viele Shops überhaupt am Sonntag geöffnet haben). Solche Konzepte sind hier noch weiter entfernt als das fiktive Jahr 2015 aus *Zurück in die Zukunft II*.

WEIL HIER DER PROVINZIALISMUS REGIERT

Lotte Tobisch, die Grande Dame des Wiener Opernballs, nannte Wien einmal eine »Mischung aus New York und St. Pölten«, was wahrscheinlich nicht nur die passendste, sondern auch die traurigste Stadtbeschreibung aller Zeiten ist. Wer St. Pölten nicht kennt, dem sei gesagt: zu Recht. Dabei handelt es sich um die niederösterreichische Landeshauptstadt, die Zugreisende und andere Fernbekannte vor allem dadurch beeindruckt, dass es keine Infrastruktur, keinen Stadtkern, keine nennenswerten Lokale oder Clubs, sondern nur Regenwetter und einen Pommes-Automaten am Bahnhof gibt.

Ich habe den Automaten einmal, als ich umsteigen musste, ausprobiert. Er hat mein Geld geschluckt und keine Pommes ausgespuckt. Auf dem Automaten war eine deutsche Service-Hotline aufgedruckt, bei der niemand abhob. Seither bin ich davon überzeugt, dass St. Pölten nicht nur völlig zu Unrecht existiert, sondern außerdem ein potemkinsches Dorf ist, das nur davon lebt, umsteigende Wiener auszunehmen. Aber zurück zu Wien: Genau diese gefühlte Anbindung an New York und diese tatsächliche Nähe zu St. Pölten ist es, was die Stadt ausmacht.

Gut, Lotte Tobisch nannte diese Mischung auch »herrlich«, aber auf ihrem Buch *Langweilig war mir nie* ist sie auch im Kampf mit einem ausgestopften Löwen zu sehen, also für wie vertrauenswürdig soll man eine solche Gesellschaftsdame schon halten.

Für mich ist Wien wie ein depressives dickes Kind, das eigentlich am Dorfplatz mit Blick auf die Weinberge wohnt und sich gleichzeitig in eine Traumwelt flüchtet, wo das 19. Jahrhundert noch nicht aufgehört hat und Wien gemeinsam mit Paris, London und New York immer noch die kosmopolitische Vierfaltigkeit stellt. Aber der Provinzialismus ergibt sich nicht allein aus der dörflichen Struktur der Wiener Bezirke, die immerhin genau das sind – nämlich eingemeindete Dörfer. Der Provinzialismus besteht darin, dass Wien mit Vorsatz dörflich bleibt und man hier immer noch in Grätzln denkt. Man will die ungustiöse Nachbarin, über die man sich gerne aufregt, wenn man sie den ganzen Tag beim Tratschen und Telefonieren ertappt, beim Namen kennen. Man will zu seinem Wirt gehen, der gefälligst derselbe zu bleiben hat, und man will nicht, dass ihn auch jemand anders für sich entdeckt. Man will von der Supermarktverkäuferin begrüßt werden, aber nicht einfach aus Höflichkeit, sondern weil sie einen erkennt.

Das macht den Unterschied zwischen Provinzialismus und Provinzialität aus, wenn ich kurz semantisch werden darf. »Provinzialität« ist eine Momentaufnahme, eine Situationsbeschreibung – sie mag vielleicht ein Urteil über die rurale Rückschrittlichkeit und die fehlende Großstadtkultur sein, aber sie ist nicht in Stein gemeißelt und könnte, jetzt rein theoretisch, beim nächsten Mal, wenn man sich aufmacht, die Stadt zu beschreiben, auch schon verschwunden sein. »Provinzialismus« hingegen ist pure Absicht – wie jeder Ismus ist er in Wort gegossene Ideologie und hat er das dezidierte Ziel, sich ewig fortzusetzen und seinen Zustand am Leben, also: Wien provinziell zu halten.

Ein Beispiel: Der wahrscheinlich stolzeste Moment eines Wieners ist es, wenn er ein Fünfgängemenü zum Schnäppchenpreis bekommen hat – was man in der Regel dann auch sehr laut erzählt, bevorzugt den Leuten am Nebentisch und mit einem Tonfall, als hätte man damit irgendwen abgezockt, was sie noch stolzer macht. Hier trifft der Geldbeutel eines Großbürgers auf das Großhirn eines neolithischen Sammlers. Provinzialismus und Gutschein-Mentalität spazieren Hand in Hand in den Sonnenuntergang.

WEIL DIE UNFREUNDLICHKEIT EINEN LANGSAM UMBRINGT

Am schlimmsten steht es um die Umgangsformen der Wiener dort, wo sie sich am wohlsten fühlen: im Kaffeehaus, bei langen Straßenbahnfahrten oder im Bier-Beisl, falls es beispielsweise jemand wagt, das Starren ins Leere mit einer Frage nach einem freien Stuhl zu unterbrechen. Das würde vermuten lassen, dass die Unfreundlichkeit der Grundmodus und die echteste, unverstellte Form des Wienseins wäre. Besonders der prototypische Oberkellner, der in Wien Fliege, Smoking und die Nase ziemlich weit oben trägt, wirkt, als wäre das Austragen von Tabletts mit Kaffee und Wasser Teil seiner Bewährungsauflagen, die er nur sehr widerwillig erfüllt, während er sich im Hinterkopf Notizen für ein Sequel zu Thomas Bernhards *Heldenplatz* macht.

Ich glaube ehrlich gesagt, dass der gemeine Wiener Grant genauso erlerntes Verhalten ist wie alles andere auch; in ihm findet man einfach einen sozial akzeptierten Verhaltensmodus, mit dem man irgendwie man selbst sein kann und gleichzeitig der Ächtung entgeht. So wie Amerikaner nicht ausschließlich nett und serviceorientiert sind, sind auch die Wiener nicht ausschließlich griesgrämig und pathologisch morbid. Weil aber irgendwer irgendwann damit angefangen hat, diese düstere Unhöflichkeit als Teil des City-Brandings zu verstehen (wobei die Frage, ob das Gerücht oder diejenigen, die das Gerücht erfüllten, zuerst da waren, in etwa so ist, wie die Frage nach dem Fabergé oder dem Ei), arbeiten die Wiener heute sehr eifrig daran mit, diese Attitüde in vorauseilendem Gehorsam auch zu erhalten, als wäre sie Teil des immateriellen UNESCO-Kulturerbes.

Das klingt vielleicht so, als gäbe es Hoffnung, aber eigentlich macht es das nur noch schlimmer. Wenn die Leute zumindest

nicht anders könnten, wäre dieser verrotzte Grant ja noch irgendwie verständlich. Wenn diese als Erlebnisgastronomie inszenierte
Fehlleistung aber nichts weiter ist als das sorgfältig herangezüchtete
Übel einer selbsterfüllenden Prophezeiung, weil man in beschissenen Manieren noch irgendwie eine Chance zur Unverwechselbar-
keit sah, dann ist es um diese Stadt schlimmer bestellt, als auch der
grantigste Oberkellner oder der galligste Beisl-Gemeinling glauben.
Wien ist so kaputt, dass man sich hier gegenseitig in die schlechte
Laune hineintheatert – wie in einer abartigen Lokal-Version des
Stanford-Prison-Experiments. Diese Einstellung zur vermeintlichen »Authentizität« des Grants, mit der die Wiener auch jedem
anderen Gemütszustand Affektiertheit und Fake unterstellen, sorgt
außerdem dafür, dass in dieser Stadt *niemals* irgendwer nett zu
irgendwem ist. Am Ende gewinnen die misanthropischen Arsch-
löcher.

24. GRUND

WEIL DIE MENSCHEN HIER ANGST
VOR ALLEM HABEN

Baulich steckt Wien im Barock und körperlich vielleicht im Bier-
beisl, aber gedanklich regiert hier für immer das Biedermeier. Wäre
Biedermeier eine Person – so wie in dem Gedicht, auf dem der
Epochenname basiert, wo Herr Biedermeier mit einem Gang »sach-
te wie auf Eier« und dem Motto »weder kalt noch warm« beschrieben wird –, dann würde man ihn heute womöglich Schrödinger
nennen. So wie den Physiker mit der Katze, die in ihrer geschlos-
senen Box für immer in einem unbestimmten Zustand zwischen
Existenz und Verwesung dahinvegetiert, nur, dass die Box vielleicht
ein Kaffeehaus wäre. Wäre Biedermeier nicht nur eine Person, sondern auch noch ein Athlet, der einen Spitznamen und eine Ein-

zugsmelodie und eine Anmoderation bekommt – sagen wir, zum Beispiel, ein Wrestler –, dann würde dieser vielleicht so vorgestellt werden: »Meine Damen und Herren, direkt aus der guten Stube, mit einem Gewicht von unentschlossenen 70 bis 100 Kilo, er ist wild wie eine Libelle und aufgeladen wie ein Sturm, der niemals losbricht, hier kommt der kleinkarierte Herr Karl!«

Diese kurze Epoche in der ersten Hälfte des 19. Jahrhunderts, die dem Rest der Welt schon damals scheißegal war und es jetzt erst recht ist, bestimmt in Wien immer noch das Denken.

Unser großer, angemessen moderater Franz Grillparzer hat einmal gesagt: »Es muss was geschehen, aber es darf nix passieren.« Kaum ein anderer Satz hat die Gemütslage Wiens, die sich praktischerweise seit dem 19. Jahrhundert nicht mehr grundsätzlich geändert hat, besser beschrieben. Wiener haben gleichzeitig panische Angst vor Veränderung, aber auch einen wahnsinnigen Drang, über den Status quo zu jammern. Deshalb haben wir auf der einen Seite seit 1945 ausschließlich sozialdemokratische Bürgermeister und trotzdem eine starke Rechte, die in einer der sichersten Städte der Welt mit »Daham statt Islam« punkten konnte. Dass es bei uns eine Schießerei circa alle zwei Jahre gibt (bei der circa eine Kugel in der Ottakringer Straße abgefeuert wird) und sonst nur maximal irgendwo ein Mistkübel umgeworfen wird, ist offenbar Anlass genug für rechte Wählermobilisierung. Das einzige andere Zitat, das vom kulturellen Impact her halbwegs an Grillparzers heranreicht, ist Herbert Prohaskas zeitgeschichtlich etwas neueres »San a poa Hurenkinder dabei«, das vor allem auf YouTube tradiert wird. Praktischerweise ist es genauso vielseitig wie das darin enthaltene Schimpfwort und lässt sich problemlos auf alle anwenden – vom Politiker bis zum durchschnittlichen Idioten, der es nicht schafft, die Leute in der U-Bahn aussteigen zu lassen, bevor er sich durch die Tür presst.

WEIL DIE MORBIDE ADER
DER WIENER NICHT LUSTIG IST

Dafür, dass in Wien insgesamt eher wenig passiert, passiert eigentlich ziemlich viel Widerliches. Die Bewohner haben dafür vielleicht auch keine Erklärung, aber zumindest einen Ausdruck: Wien ist eben morbide. Und irgendwie ist diese Morbidität inzwischen längst zum Prädikat geworden, so als wäre die Stadt ein nettes viktorianisches Märchen von Tim Burton, nur mit weniger Helena Bonham Carter und mehr pathologisch gestörten 50-Jährigen, die ihre Mutter mit einem Hammer umbringen, nachdem sie ihr Leben lang auf 30 Quadratmeter zu Hause gewohnt haben und anschließend noch ein paar Monate als Mord-Messies neben der larvenbelegten Leiche leben.

Davon kann man zwar auch eine romantisierende Vorstellung haben, muss man aber nicht. Überhaupt ist es ein wenig irritierend, mit wie viel Romantik die Wiener von ihrer morbiden Seite schwärmen und wie sehr der psychische Grind hier mit einem lapidaren »So sind wir eben« kultiviert wird, als ginge es ums Zungeeinrollen oder um angewachsene Ohrläppchen. Stattdessen geht es meistens um Äxte, Sägen und unter Verschluss gezüchtete Psychosen.

Nicht umsonst sagen einige, das lallende »L« im Dialekt aus dem Bezirk Wien-Meidling stehe eigentlich für Leichenfund in der Längenfeldgasse. Hier gibt es mit schöner Regelmäßigkeit mysteriöse Familienmorde und Messerattacken, die von Ehefrauen per SMS bestellt wurden. Zuletzt sorgte die sogenannte »Eisprinzessin« Estibaliz Carranza für Aufsehen, die zwei ihrer Lebenspartner umbrachte, mit einer Säge zerstückelte und in ihrem Eissalon einfror, weil sie sich von ihnen bedroht und eingeengt fühlte. Ihr Eissalon mit dem klingenden Namen »Schleckeria« lag, natürlich, in Wien-Meidling.

Eine andere – in ihrem Vorgehen sehr wientypische – Lokalberühmtheit war um die Jahrtausendwende die Serienmörderin Elfriede Blauensteiner, die ihre Opfer aus den Reihen pflegebedürftiger Senioren rekrutierte und diese dann langsam und unmerklich mit Medikamenten tötete. Vor Gericht trat Blauensteiner mit einem hochgereckten Kruzifix auf und rief: »Ich wasche meine Hände in Unschuld.« Wer Wien halbwegs kennt, weiß, dass sie das zumindest theoretisch geglaubt haben könnte. Natürlich gibt es noch mehr morbide Fälle, wie Jack Unterweger, Sohn einer Wiener Prostituierten, der später mehrere Wiener Prostituierte umbrachte (aber, ganz Kosmopolit, auch drei in Los Angeles), und jeder einzelne Fall hat diesen einen besonderen Twist, diese eine Extrameile, und gibt 110 Prozent um dem Anspruch der Wiener gerecht zu werden. Wenn es hier ein Familiendrama gibt, darf man zuversichtlich sein, dass die Tochter zum Todeszeitpunkt gerade im neunten Monat schwanger war. Die Pointe? Keine. Wien ist eben nicht *Der dritte Mann*, wo Kriminalität eloquent und raffiniert ist und vor malerischen Kulissen stattfindet; es ist wie *Henry: Portrait of a Serial Killer*, nur als Doku und ohne Mörder-Romantik.

26. GRUND

WEIL KNAUSRIGKEIT HIER EINE TUGEND IST

Zum Konzept von Trinkgeld gibt es mindestens so viele Ansichten, wie es beim Bezahlen Möglichkeiten gibt, aufzurunden. Einige geben immer genau zehn Prozent, weil es angeblich einfacher zu rechnen ist, andere gehen in absoluten Zahlen nie über zehn Euro hinaus, auch wenn die Rechnung vielleicht 239,90 ausmacht. Einige meinen, es sei in Amerika viel gerechtfertigter als bei uns in Europa, weil Menschen in der Gastronomie dort ja weit weniger Grundgehalt beziehen (lustigerweise sind das nur sehr selten Menschen, die selbst jemals in der Gastronomie gearbeitet haben). Andere geben sehr gerne Trinkgeld und tun das dann auch sehr laut, um für ihr Geld wenigstens ein bisschen gutmenschliche Gegenleistung in der Form von Anerkennung zu bekommen (weil die Bedienung durch einen Studenten, der am Ende des Monats Ketchup-Brot diniert, vermutlich nicht Befriedigung genug ist). Manchmal taucht auch das Gerücht auf, das englische Wort für Trinkgeld, »Tip«, sei eigentlich eine Abkürzung für »To insure promptness«, was damit zu tun habe, dass das Trinkgeld früher ja vor der Bestellung auf den Tisch gelegt wurde, um, naja, eben promptpness to insuren. Das ist zwar faktisch falsch, und die Trinkgeldtradition kommt, vielleicht überraschenderweise, auch gar nicht aus dem neoliberalen Amerika, sondern ist direkt hier bei uns in Europa entstanden. Aber das ist natürlich alles gar nicht der Punkt. Das Schöne an all diesen unterschiedlichen Ansichten ist, dass man sie in Wien gerne ausgerechnet dann diskutiert, wenn es ans Bezahlen geht, um später so tun zu können, als hätte er den Moment verpasst, in dem der Kellner fragend Blickkontakt gesucht und schließlich auf den Cent genau herausgegeben hat.

Dem Wiener ist nichts zu billig, um sich vor Trinkgeld zu drücken. In Momenten des Zahlens mutiert er zum Sitcom-Charakter und flüchtet aufs WC, flüstert den Betrag zur Seite oder fingert an 30 bronzefarbenen Münzen herum, um wie beim Kauf der Sonntagszeitung mit der Geräuschkulisse über den Geldbetrag hinwegzutäuschen. Als ich vor Kurzem in der Wiener Filiale des legendären »Leberkas Pepi« war, bestellte ein Mann vor mir circa zehn Semmeln und ließ sich seine Rechnung von 14,93 Euro auf 15 Euro aufrunden. Wie sein Versace-Polo mit aufgestelltem Kragen verriet, war er finanziell eindeutig besser aufgestellt als geschmacklich – aber am hässlichsten war nicht sein Look zwischen Geissens und Golfplatz, sondern seine Gier. Ein anderes Mal sah ich in der noblen Einkaufsgegend am Wiener Graben eine Frau, die auf einen Spendenaufruf für Tiere reagierte, als sei ihr eine Wespe ins Gesicht geflogen, und unter panischem Wedeln im Tonfall einer Dame, der gerade horizontaler Broterwerb unterstellt wurde, rief: »Spenden? Ich? Jetzt reicht's aber!« Denn so sehr Wiener den Anspruch leben, so wenig lassen sie sich umgekehrt in die Verantwortung nehmen, solange es nicht Pflicht ist. Es ist diese kleinkarierte Knausrigkeit, mit der Wien immer wieder zeigt, dass seine Bewohner einer Großstadt unwürdig sind. Diese Gier vor dem eigenen Verlust und die Angst vor dem Gewinn des anderen ist eine Eigenschaft, die sich nur Städte ohne jegliches Bewusstsein für das große Ganze leisten können. Städte, die allein dadurch geistig wieder in Dörfer zerfallen.

27. GRUND

WEIL UNSER LIEBSTES HOBBY DER NEID IST

Knausrigkeit ist noch nicht mal die schlimmste Ausprägung der Wiener Besitztumsneurosen. Viel dominanter als das Gefühl, nichts hergeben zu wollen, ist in Wien das Gefühl, nichts zugestehen zu können – und zwar niemandem, der nicht man selbst ist. Der Neid auf andere ist die wahrscheinlich kleingeistigste Form des Wiener Minderwertigkeitskomplexes. Der wesentliche Unterschied zur Knausrigkeit besteht darin, dass man den anderen nicht nur keinen Teil von seinem eigenen Geld, sondern auch sonst keinen Erfolg gönnt. Man will also nicht nur niemandem etwas geben, man will auch nicht, dass er es von irgendwo anders bekommt. Das gilt für Geld genauso wie für Glück und jede andere Form von kulturellem Kapital. Selbst wenn ein Wiener in seinem Job zufrieden ist, trifft es ihn immer empfindlich, wenn jemand anders einen besseren bekommt.

Während sich der Amerikaner mit einem hochtönigen »Good for YOU!« mit anderen freut, die von ihren bevorstehenden Harvard-Abschlüssen erzählen, gibt es in Wien nur eine Reaktion auf solche Erfolgsmeldungen: ein schmerzlich verkniffenes »Da schau her«, begleitet von einem Ganzkörper-Musterungsblick, wie man ihn sonst nur aus der Heidi Klum'schen Model-WG kennt.

Dabei hat der Neid, den wir Wiener aufeinander haben, weniger damit zu tun, dass man sich selbst ein besseres Leben wünscht – wir wissen schließlich, dass das mit sehr viel Arbeit und Wollens-Aufwand verbunden wäre. Worum es uns geht, ist der bescheidene Wunsch, dass es ganz einfach niemand anderem besser gehen soll. Und wenn wir alle zusammenhalten und uns gegenseitig nur tief genug in den Dreck drücken, wird das ja wohl noch möglich sein. Zumindest wird man noch träumen dürfen.

28. GRUND

WEIL DIE MENTALITÄT
EINEM ALTENHEIM GLEICHT

Hier ein Fun Fact: »Wien« und »nein« unterscheiden sich nur durch einen einzigen Buchstaben. Hätte die Eigenheit in der Wiener Mundart, alles ins Schlechte zu drehen und zu negieren, eine eigene grammatikalische Form (so wie Infinitiv, Indikativ oder Inflektiv), würde sie wahrscheinlich Negativ heißen.

Will der Wiener etwas insgeheim loben, sagt er »Kann man nix dagegen sagen«; meint er ja, sagt er »no na«; nimmt er im Gespräch einen Gedanken auf und will ihn dialogisch ausbauen, sagt er: »Nein, jedenfalls …« Die ganze Geisteshaltung ist so stark von Verneinung geprägt, dass man sich die Zustimmung in Wien ausschließlich für die Fälle vorbehält, in denen man es nicht wirklich so meint. »Ja eh« heißt: Lass mich damit in Ruhe; »Sicher« heißt: So weit kommt's noch; und »Küss die Hand« heißt: Leck mich am Arsch (gnädige Frau).

Im Grunde sind die nächsten direkten Verwandten der Wiener in der demografischen Boomer-Gruppe der Über-60-Jährigen zu finden – also den Leuten, die früher mal Senioren oder in Wien Pensionisten hießen, die man heute aber nicht mehr so nennt, weil das ihrem spät blühenden Naturell nicht mehr gerecht wird. Insofern empfehle ich jedem Wienurlauber vor seinem Besuch in der Stadt einen Abstecher ins nächstbeste Altenheim, um sich mentalitätsmäßig vorzubereiten: Alte Leute jammern, weil jeder Tag gleich ist, aber planen sofort den Aufstand, wenn das Mittagessen nicht pünktlich um 11:30 Uhr vor ihnen steht; sie beklagen sich über die Hitze, weil sie die in der Hüfte spüren und deshalb nicht spazieren gehen können, obwohl sie bei dem schwülen Wetter sowieso nicht das Haus verlassen würden; und egal, von welcher Reise man ihnen erzählt oder welchen fremden Ort sie im Fernsehen sehen, wird ihre erste interessierte Gegenfrage immer sein »Und, ist es dort sehr gefährlich?«, direkt gefolgt von einem »Naja, wo ist es heute schon noch sicher«. Wie alle (geistig) alten Menschen will auch der gemeine Wiener nicht hören, dass er ständig nur raunzt, und begegnet entsprechenden Anschuldigungen gern mit der Bemerkung »Entschuldigung, aber ich bin eben Realist« – dem internationalen Erkennungszeichen aller Pessimisten, die mit Stolz die Realität der Optimisten ignorieren, seit der erste Mensch ein Glas genau bis zur Hälfte mit Wasser gefüllt hat. Den Wiener mit netten Worten und guten Gedanken von seiner geriatrischen Düsternis abzubringen fällt fast schon unter Sterbehilfe und ist daher illegal.

WEIL WIENER KEINE VORSTELLUNG
VOM GLÜCK HABEN

Dass Lebensqualität nicht ganz so einfach messbar ist, wie es die Mercer-Befragung nahelegt, dürfte inzwischen einigermaßen klar sein. Das liegt vielleicht aber auch daran, dass »Lebensqualität« ein vollkommen virtueller Sammelbegriff ist, über den sich die meisten Menschen abseits von der Mercer-Befragung wahrscheinlich noch nie Gedanken gemacht haben. Genau wie Mercer kann ich zwar auch keine Repräsentativstudie vorlegen, aber wenn ich kurz in mich gehe und an die vergangenen 15 Jahre in Wien denke, kann ich mich an keinen einzigen Fall erinnern, wo ich das Wort »Lebensqualität« jemals wirklich im alltäglichen Sprachgebrauch gehört hätte.

Menschen sagen keine Sätze wie »Heute empfinde ich eine hohe Lebensqualität«, wenn sie im Gastgarten sitzen und Bier trinken. Sie murmeln auch nicht »Meine Lebensqualität ist durch die ungewisse Sicherheit in dieser dunklen Straße eventuell beeinträchtigt«, wenn sie nachts nach Hause gehen. Das macht das Konzept natürlich nicht gleich überflüssig, aber es zeigt, dass man sich fragen muss, was diese Lebensqualität ausmacht und was die Menschen tatsächlich darunter verstehen. Lebensqualität besteht nämlich nicht nur aus Hard Facts, sondern auch aus den Soft Skills einer Stadt: Wie nett sind die Menschen, wie einfach ist es, jemand Neues kennenzulernen, wie lebendig ist das Nachtleben oder wo kann man am Sonntag einkaufen. Die Antworten dazu sind, wie an anderen Stellen näher ausgeführt: nicht nett, nicht einfach, nicht lebendig und so gut wie nirgendwo (abgesehen von schlecht bestückten Tankstellen, in denen man sich wie ein Prepper kurz vor der Apokalypse beim Hamsterkauf fühlt, und circa drei Supermärkten).

Vielleicht ist das Wort, das wir suchen – und das sage ich im vollen Bewusstsein der Gefahr, wie ein Hippie zu klingen –, auch eher Glück als Lebensqualität. Menschen haben doch schließlich alle irgendeine Vorstellung davon, was Glück ist und was sie glücklich macht. Oder? Aber wie misst man Glück, und wie gut schneidet Wien beziehungsweise Österreich darin ab? Eine (zugegeben ziemlich naheliegende) Art, das herauszufinden, besteht darin, einfach nachzufragen.

Genau das ist es auch, was die Vereinten Nationen getan haben. Für ihren weltweiten Glücks-Report haben die UN Daten aus einer weltweiten Gallup-Umfrage in über 150 Ländern kumuliert. Das Ergebnis: Die glücklichsten Nationen sind die Schweiz, Island und Dänemark. Österreich schafft es mit Platz 13 nicht mal unter die Top 10. Eine andere Studie, die das weltweite Wohlbefinden erfassen will und ebenfalls von Gallup unter 146.000 Befragten in 145 Ländern durchgeführt wurde, listet Panama, Costa Rica und Puerto Rico als die drei Länder mit der größten generellen Zufriedenheit auf. Hier belegt Österreich Rang 9.

Natürlich ist eine Gleichsetzung von Ländern mit ihren Hauptstädten immer schwierig, und man darf davon ausgehen, dass das Gesamtbefinden eines Landes etwas näher am Median liegt als das in einzelnen Metropolen.

Allerdings gibt es keine international akzeptierten Standards für eine Messung der zufriedensten, besten oder glücklichsten Städte, wie auch die *Financial Times* anmerkt. *BrainJet* erklärte basierend auf dem Glücks-Report von 2013 die Städte Århus, Oslo und Genf zu den drei glücklichsten der Welt. Der *Reader's Digest* zog 2010 Reiseerfahrungen zu Rate und ernannte Singapur, Århus und San Luis Obispo zu den zufriedensten Orten. Vielleicht ist genau diese fehlende Einheitlichkeit aber auch der Punkt: Sie zeigt, dass die Befragung oft wichtiger ist als das Ergebnis und Mercer nur eine von vielen Ranglisten zusammenstellt, die sich in ihren Ergebnissen noch dazu mit kaum einer anderen deckt. Es zeigt aber auch noch etwas anderes: nämlich dass Wien und Österreich angesichts der vielen messbaren Vorzüge erstaunlich schlecht abschneidet, was das

Glücksempfinden seiner Einwohner angeht. Ich glaube, das liegt daran, dass die Wiener absolut keine Idee von Glück haben. Dabei sind Wiener nicht zwangsweise unglücklich, sondern einfach indifferent gegenüber dem Konzept von Glück. Wiener wirken meistens wie in einer anhaltenden Phase post-koitaler Depression gefangen, die nur noch dadurch trauriger wird, dass sie davor ziemlich sicher keinen Höhepunkt hatten, weil solche Extreme hier jedem ein bisschen verdächtig sind. Wer in seiner Stadt (und in seinem Land) eigentlich alles hat und bei der generellen Zufriedenheit trotzdem noch hinter Panama, Costa Rica und Puerto Rico liegt, sollte fairerweise wohl seinen Wohnsitz mit jemandem tauschen, der mehr daraus machen kann.

30. GRUND

WEIL DIE AUTORITÄTSHÖRIGKEIT
HIER NIEMALS STIRBT

Wiener sind geborene Befehlsempfänger. Sie gehorchen der Obrigkeit blind, und sie haben nicht das geringste Problem damit, dass das auf den ersten Blick im Widerspruch zu ihrer Skepsis gegenüber allem und ihrer Widerspenstigkeit im Kleinen steht. Warum sollten sie auch? Ihnen kann egal sein, was auf den ersten Blick gilt, weil sie genau wissen, dass sie auf den ersten Blick noch nie irgendwo gut angekommen sind. Dafür sind Wiener zu kompliziert, zu hinterrücks, zu ums Eck, zu unschön. Wer diese Menschen mag, hat ihnen zuvor ziemlich sicher eine ganze Clockwork-Orange-mäßige Session an Blicken spendiert.

Außerdem haben Wiener genügend Probleme mit sich und ihrem eigenen Grant, um sich auch noch damit zu beschäftigen, ob ihr Weltbild wirklich an keinem Punkt sich selbst widerspricht. Selbst George Lucas hat das Streamlining seines *Star Wars*-Universums für *The Force Awakens* aufgegeben – und das, nachdem genau diese Aufgabe jahrzehntelang ein eigenes Betätigungsfeld gewesen war. Wenn sogar *Star Wars* Widersprüche zulassen kann, dann kann das auch der gemeine Wiener. Und bei genauerer Betrachtung ist die Autoritätshörigkeit der Ortsansässigen auch gar nicht so daneben, wie man vielleicht denkt: Denn Wiener sind Geschöpfe, die keinem Anführer trauen, aber genau deshalb auch nicht mit ihm tauschen wollen – lieber marschieren sie in die falsche Richtung und haben jemand anders, dem sie die Schuld dafür geben können, als dass sie jemals selbst in die erste Reihe vorrücken und sich dem potenziellen Zorn von ihresgleichen stellen. Immerhin wissen Wiener, wie Wiener sein können. Gott bewahre!

Das führt ganz konkret dazu, dass Wiener heilfroh sind, wenn ihnen ein Herr Doktor sagt, was sie zu tun haben, jemand im Fernsehen erzählt, wie die Welt läuft, oder ein Uni-Professor unumstößliche Wahrheiten unterbreitet, die sie aufsaugen können wie ein Schwamm. Ein Schwamm muss immerhin auch nicht die Meinung der Flüssigkeit teilen, die er aufsaugt. Kritisieren kann man notfalls immer noch im Nachhinein, wenn sich die Stoßrichtung als falsch erwiesen haben sollte; dann war man schließlich nicht die Speerspitze, sondern nur ein Stück vom Holzgriff, das sich den Naturgesetzen gebeugt und einfach werfen lassen hat.

31. GRUND

WEIL DAS GEISTIGE ALTER IMMENS IST

Im Frühjahr 2014 wurde in Wien ein Sprayer mit dem Künstlernamen Puber verhaftet. Über Jahre hatte sich der »Puber«-Tag langsam über die bröckligen Barockfassaden, U-Bahn-Waggons, Wellblechabsperrungen und, in einem berüchtigten Fall, Redaktions-Fenster der Stadt ausgebreitet und war zu so etwas wie unserer Version des Zorro-»Z« geworden. Seine Mitbewohner wendeten sich damals mit der Exklusivgeschichte an *VICE* und behaupteten, Puber habe ihnen aufgetragen, genau das zu tun, während er von der Polizei abtransportiert wurde. Puber selbst bestritt diese Geschichte und war, gelinde gesagt, nicht happy mit dem Ergebnis. In der Headline zum Artikel bezeichnete ich den Graffiti-Künstler damals als »Feind aller Hausverwaltungen« – nicht, weil ich Partei für die Wiener Hausverwaltungen ergreifen wollte, sondern weil die Wiener Hausverwaltungen ihn als genau das sahen.

Um es klar zu sagen: Was damals in der Überschrift fehlte, war wohl der Zusatz »lächerlicherweise«. Alleine, dass manche es auch anders gelesen haben – gewissermaßen als die Verlängerung des Boulevard-Urteils über den fürchterlichen Störenfried –, sagt für mich einiges darüber aus, in welche Richtung Wien überhängt. Auch im anschließenden Prozess wurde mit dem massiven Schaden an den Hauswänden argumentiert und an 234 »Fakten« – Gerichtssprech für Fotos der Graffiti-Tags – die Gefährlichkeit des Sprayers durchdekliniert.

Das Thema war, solange es sich auf der Nachrichten-Oberfläche halten konnte, ein durchaus emotionales. Die Reaktionen vieler Leute erinnerten an Weihnachtsessen mit der erweiterten Verwandtschaft: Alles war gut, solange man mit den Menschen nicht über die NS-Zeit oder Graffiti sprach. Wenn man es doch tat, mutierten plötzlich alle Aussagen zu erhobenen Arthritis-Fingern: Wie konnte man so was nur in Schutz nehmen? Dachte denn niemand an die Reinigungskosten? Was musste eigentlich noch geschehen, bevor man die Dinge beim Namen nennen und sich darum kümmern würde, dass diese Elemente endlich verschwinden? Und was daran sollte außerdem bitte schön Kunst sein?

Das war wohlgemerkt vor dem Akutwerden der Asylsituation in der Mitte Europas – also jene elysische Zeit, als das Problem mit Krieg und Flucht noch in Italien oder Griechenland zu Hause war und wir uns mit ein bisschen erstweltlicheren Befindlichkeiten beschäftigen konnten. Heute wirkt das Puber-Problem hoffentlich auch auf die letzten Reaktionäre wie das, was es ist: ein lächerliches News-Artefakt, das uns alleine in der Diskussion darüber, was Kunst ist und wie viel Können in ihr stecken muss, kurzzeitig um 80 Jahre zurückgeworfen hat.

Aber die Sache ist auf einer noch viel grundlegenderen Ebene lachhaft. Sprayer gehören in anderen Städten zum ganz normalen Stadtbild. Jede echte Metropole hat schon vor Jahrzehnten gelernt, dass man den Kampf um den öffentlichen Raum besser nicht gegen ganze (Jugend-)Kulturgattungen führen sollte, und überall anders als in Wien ist wohl seither auch angekommen, dass das Intro von *Prinz von Bel Air* nicht als Anleitung für Polizeieinsätze gedacht war. Nirgendwo sonst würde es jemandem auch nur im Traum einfallen, einen Graffiti-Künstler zum »Staatsfeind Nummer 1« zu erklären und seinetwegen eine eigene Taskforce einzurichten. Vielleicht liegt es daran, dass wir in diesem gar nicht so fernen Damals in Abwesenheit von Smog oder einer erwähnenswerten Kriminalitätsrate einfach auf echte Flachlinien-Themen zurückgreifen mussten, um doch noch zu unserem Kick zu kommen. Im Wienerischen werden Probleme von so nichtiger Dimension übrigens – in Anlehnung an die Größe der abgesonderten Fäkalien der betreffenden Vogelart – liebevoll »Lercherlschas« genannt. Auch, wenn wir es heute am liebsten aus dem Gedächtnis der Stadt streichen würden, um uns in bester Revisionismus-Tradition einzureden, dass wir bis zum Eintreffen der Geflüchteten Ende Sommer 2015 alle in den idyllischsten Zuständen lebten – mit Hundehaufen aus Gold, nach Rosen duftenden Würstelständen, Blowjobs, die auf Bäumen wachsen, und Cunnilingus-Katakomben unter dem von Touristen unberührten Stephansdom –, ist das Lercherl-Thema der Puber-Tags ein gutes Mahnmal dafür, wie es wirklich war.

WEIL WIENER EXTREM UND
GLEICHGÜLTIG AUF EINMAL SIND

Auch, was Ansichten und Meinungen betrifft, gehen Wiener lieber den Mittelweg – schließlich wissen wir alle, wozu zu klare Positionen in diesen Breitengraden führen können. Spätestens seit »dieser Sache vor 1945« lautet die Devise der Wiener nach 1945: »Okay, mal sind wir zu wenig begeisterungsfähig, mal sind wir zu begeisterungsfähig, also wisst ihr was: Am besten macht ihr euch das in Zukunft mit euch selbst aus, und ihr lasst uns einfach in Ruhe, wie klingt das für euch?«

In der Praxis bedeutet das zwar noch lange nicht, dass der Wiener seine mühsam unter Verschluss gehaltenen Meinungen nicht trotzdem manchmal geysirartig bei Wahlen oder einem Würstelstand-Bier entlädt – aber sogar das bedeutet nicht, dass man in diesen Momenten sein wahres Ich hervorblitzen sieht. Vielmehr hat der Wiener so viele kleine, zergliederte, widersprüchliche Meinungen, dass man ihm beim besten Willen nicht auch noch abverlangen darf, dass diese zusammenpassen, geschweige denn, dass er sie auch noch begründen kann. Manche nennen es vielleicht Schwäche, er nennt es ideologische Flexibilität. Dieselbe gedankliche Dehnbarkeit bewies auch der Obmann der rechtsradikalen Freiheitlichen, Heinz Christian Strache: Im April warf er Deutschland vor, mit dem Zulassen der Strafverfolgung gegen Jan Böhmermann vor »dem türkischen Despoten in die Knie« zu gehen, und beteuerte, dass Merkel »Freiheit, Rechtsstaat, Demokratie und Freiheit der Kunst für Erdoğan in der BRD über die Klinge springen« lasse. Wenig zuvor hatte derselbe Heinz-Christian Strache gegen die ORF-Sendung *Vorstadtweiber* geklagt, weil er dort in einem Untertitel schwul genannt worden war.

Es ist ein bisschen wie bei dem Gedankenexperiment Schrödingers Katze. Zur Auffrischung: Eine Katze wird mit einem instabilen

Atomkern, einem Geigerzähler und einem Behälter voll Giftgas in eine Box gesperrt. Warum genau, ist schwer zu sagen, aber erstens hat das irgendwie mit Quantenphysik und der Veranschaulichung von quantenmechanischer Unbestimmtheit im makroskopischen Raum zu tun; und zweitens vermutlich auch damit, dass Erwin Schrödinger Wiener war und ihm der Hang zu solchen perfiden Experimenten schon in die Wiege gelegt wurde. Je nachdem, ob der Atomkern nun zerfällt und der Geigerzähler austretende Strahlung misst, wird das Giftgas nun freigesetzt oder nicht. Beide Ereignisse passieren mit einer gewissen Wahrscheinlichkeit – aber keines von beiden ist wirklich passiert, bis jemand die Box öffnet und nachsieht. Bis dorthin ist die Katze sowohl tot als auch lebendig; sie befindet sich eben in einem unbestimmten Zustand.

Ungefähr so muss man sich den Kopf eines Wieners vorstellen: Bis jemand nachschauen kommt, sind alle Extreme irgendwie wahr. Der einzige Unterschied zu Schrödingers Gedankenexperiment: Im Kopf des Wieners stehen ungefähr eine Million solcher Boxen – und aus einiger Entfernung betrachtet ergeben viele kleine radikale Meinungen einen einzigen großen »Is ma wurscht«-Haufen. Die Erkenntnis daraus: Seid nicht zu neugierig, am Ende kommt doch nichts dabei raus. Und: Wiener sind vielleicht die einzigen Menschen, die ohne Gewissensbisse gedankliche Kätzchen töten können.

WEIL ES IMMER NOCH DIE STADT DER NEUROSEN IST

Sigmund Freud ist inzwischen so lange her, dass er für die meisten von uns zum Markennamen geworden ist. Genau wie Che Guevara kennt ihn heute kaum noch jemand für seine Inhalte. Stattdessen ist Freud eine werbegerechte Ikone und steht lange über sein Ableben hinaus für die drei großen K des Fin de siècle: Kaputtheit, Kinkyness und Kokain. Vielleicht dauert es auch keine zwei Generationen mehr, bis Freud sowieso nur noch eine Fußnote im Leben seines Neffen Edward Bernays ist, der immerhin in den USA die PR begründet hat – und in einem gigantischen Coup mit Freuds These vom Penisneid den Absatz von Lucky Strikes bei der weiblichen Zielgruppe gesteigert hat. Wenn wir ehrlich sind, ist das mehr konkrete und mehr wertgeschätzte Leistung als alles, was Freud in seinem ganzen Leben zusammengebracht hat. Und in aller Fairness muss man sagen, dass viele seiner Schriften immer schon eher literarische als wissenschaftliche Arbeiten waren.

Trotzdem geht es hier noch einmal kurz um sein Werk und seine vielleicht bleibendste Theorie: jene zur Entstehung von Neurosen. Bleibend deshalb, weil die Neurosen in Wien immer noch das ganze Jahr über sprießen und weil sein Erklärungsmodell uns immer noch hilft, ihr Zustandekommen zu verstehen – im Gegensatz zu viel anderem chauvinistisch angehauchten und pseudowissenschaftlichen Blödsinn aus Freuds Zeit und Wirken, wie etwa der gesamten sexistisch unterfütterten Hysterie-Forschung.

Für Freud entstanden Neurosen aus einem Konflikt zwischen dem Ich und dem Es – also dem bewussten Ego und unseren unbewussten, instinktiven Bedürfnissen, die selten dasselbe im Schilde führen wie »wir«. Neurosen sind für ihn so etwas wie falsch erlerntes Verhalten: Vor lauter krampfhaftem Richtigmachen zieht man irgendwo die falschen Schlüsse aus einer Kette von Verhaltensweisen, und schon hat man den Salat. Entsprechend besteht Wien aus lauter Monks und Woody Allens, die wie schwitzige Bälle durch den übergroßen Flipperautomaten der Stadt geschossen werden. Gängige Neurosen sind zum Beispiel wiederholtes und rhythmisches Drücken des Ausstiegsknopfes während der gesamten Straßenbahnfahrt; konzentriertes Aneinandervorbeischauen im direkten Gespräch; übersprungshandelndes Singen alter Wienerlieder, die wir nicht mal selbst mögen; fünfmaliges Ein- und Ausschalten des Kühlschranklichtes, wenn mehr als drei Bier eingekühlt sind; und das krampfhafte Backen rauer Mengen an böhmischen Mehlspeisen, die wir in einer Orgie aus Snapchat-Exhibitionismus und Selbsthass in nur einer Sitzung vertilgen (trauriges Emoji). Dabei channeln wir in der Regel unsere slawischen Großmütter und jammern so lange in dreihebigen Jamben, bis jemand genervt genug von uns ist, dass wir den Tag beenden können.

34. GRUND

WEIL UNSER GEMEINSAMES HAUSTIER »PARANOIA« HEISST

Etwas spezieller wird unsere kollektive Wiener Störung noch, wenn man sich eine Straßenbahnfahrt nach Einbruch der Dunkelheit ansieht. Das sollte an sich niemanden verwundern, wo öffentliche Verkehrsmittel doch in fast jeder Hinsicht eine Pervertierung von allem sind, was wir uns als Stadtneurotiker mühsam angeeignet haben:

Der gesellschaftliche Vertrag verlangt von uns, dass wir hier den körperlichen Abstand, auf den man sich in Mitteleuropa als sozial vertretbaren Privatsphäre-Radius geeinigt hat, ständig ignorieren und zumindest für kurze Zeit so tun, als würden wir alle zu ein und derselben Spezies gehören, die sich nicht bei jeder Gelegenheit mit kreativen Begründungen umbringt.

Wenn es dann zusätzlich noch dunkel wird – und uns gleichzeitig einfällt, dass wir tatsächlich in einer Box mit abartigen Wesen gefangen sind, die sich wirklich bei jeder Gelegenheit mit kreativen Begründungen umbringen –, kommt zu den gängigen Neurosen auch noch eine ausgewachsene Paranoia hinzu. Eine Fahrt in der Straßen- oder U-Bahn wird, wenn man nicht aus dem Fenster schauen kann, ohne sein Spiegelbild zu sehen, schnell zum Glashaus des Wahnsinns: Denn während man in Berlin einander offen anstarrt und alte verrückte Frauen laut darüber reden, wie sie sich in der Charité angeschissen haben, und in New York die Blicke wie nasse Seife an den Menschen abgleiten und kein Augenkontakt als wichtigste Devise gilt, schaut man in Wien, wie man redet und denkt: ums Eck, aus dem Augenwinkel, umständlich, hinterrücks. Es ist das Erste, was mir auffällt, wenn ich aus dem Ausland zurückkomme, und es ist das Letzte, woran ich mich wieder gewöhne. Jeder hier wirkt ängstlich und verströmt den feinen Pheromon-Duft *L'eau d'Opfer*. Ich habe es noch nie ausprobiert und werde es auch nie tun, aber nach spätestens zehn Minuten in einer solchen Kapsel bin ich mir sicher, an der Astronautenkrankheit zu leiden, ohne überhaupt zu wissen, ob es so etwas gibt. Ich bin mir dann außerdem sicher, dass ein einziger zu Boden fallender Kugelschreiber den Dritten Weltkrieg oder den ersten Zombieaufstand auslösen könnte. Und wenn ihr euch jetzt fragt, warum die Leute nicht einfach auf ihre Handydisplays schauen, dann frage ich euch: Würdet ihr den Blick abwenden, wenn ihr mit lauter Wahnsinnigen in einer Kabine eingesperrt wärt?

35. GRUND

WEIL MAN SICH HIER NIEMALS FESTLEGT

Als ich zum ersten Mal nach Wien gekommen bin, war ich überrascht, wie wenige echte Wiener man im Alltag treffen konnte. Heute glaube ich, das liegt daran, dass Wiener eigentlich nirgendwo gerne hingehen, nirgendwo wirklich sind und sich niemals wirklich auf irgendetwas festlegen wollen.

Dabei sind Wiener nicht unpünktlich, sie vereinbaren nur generell am liebsten keine Zeit – oder auch nur irgendeine Art von fixen Treffen, wenn wir schon dabei sind. Einer der häufigsten Sätze, die man bei der privaten Terminanbahnung hört, ist »Schau ma moi«, also mal sehen. Das liegt daran, dass Wiener die eigene Türschwelle von innen gesehen als sehr hoch empfinden, was potenzielles Wiederrausgehen angeht, und keine ausreichend starken Gefühle empfinden können, um sich jemals zu einer klaren Entscheidung für oder gegen eine Veranstaltung oder Person hinreißen zu lassen.

Wäre Wien bei *Was bin ich?* eingeladen gewesen und von Robert Lembke »Machen Sie eine Geste, die typisch für Ihre Stadt ist« gebeten worden, hätte es mit ziemlicher Sicherheit mit einem klaren Schulterzucken geantwortet. Damals wäre das vielleicht als Feigheit bezeichnet worden. Heute ist es das Städteäquivalent zur Internet-Mentalität, deren Vorreiter Wien anscheinend schon lange war. Zehn Minuten vor Konzertbeginn noch darauf warten, ob die anderen jetzt hingehen oder nicht, ist inzwischen vermutlich sogar genauso im Knigge festgeschrieben.

36. GRUND

WEIL WIEN AUS »PICKENBLEIBERN« BESTEHT

In manchen Städten geht man als anständiger, gottesfürchtiger Partymensch abends essen, wechselt danach in eine Bar, fährt anschließend in einen Club, kriecht dann zu jemand Semifremdem für die Afterhour und robbt am nächsten Tag – hoffentlich noch mit beiden Schuhen – in die eigene Wohnung zurück. Auch weniger partyaffine Menschen mit Ausgehambitionen wechseln zumindest ein Mal die Location, bevorzugt zwischen dem Nahrungsaufnahme- und dem Anmach-Teil des Abends. Solche Menschen haben es in Wien eher schwer.

Für den Wiener gibt es keine durchgetakteten Abende. Stattdessen schnauft man nach Betreten eines Beisls erst mal tief durch, orientiert sich ausgiebig mit zustimmenden Blicken im Raum und richtet ihn sich dann als sein zweites Zuhause für die Nacht ein. Schnelle Bewegungen gibt es nur beim Schnapstrinken, aufgeregtes Gerede über nächste Stationen des Abends sind für ihn mittels Exorzismus zu kurieren (also: Schnapstrinken), und Lokalwechsel empfindet er generell nur als Unterbrechung der angestrebten Ereignislosigkeit (Ausnahme: Schnapstrinken).

Der Wiener sucht nicht nach Lokalen, die zu Anlässen passen – er sucht nach begehbaren Schweizer Messern, die für jede Gelegenheit (unter anderem: Schnapstrinken) das passende Werkzeug haben. Wenn ein Wiener über eine Bar oder ein Lokal sagt, dass es gemütlich ist und er gerne »heute Abend dort vorbeischauen« würde, dann bedeutet das: Es gibt gepolsterte Sitzplätze, annehmbare Hausmannskost, schallisolierte Toiletten, mindestens einen, wenn nicht mehrere Raucherbereiche und Musik, die nicht ganz peinlich und zum Mitwippen geeignet ist. Für andere mag der Abend ein wildes Gewässer aus Ebbe und Fluten sein; für den Wiener ist es ein Rinnsal auf dem ewigen Niedrigstand. Aber auch der fadeste Bach kann ganz schön wild aussehen, wenn man nur nah genug am Boden klebt (deshalb: Schnapstrinken).

Für Touristen ist das aber vermutlich weniger problematisch als für Wiener, die noch nicht ganz in ihrer Mitte angekommen und mit dem eigenen Lebensende versöhnt sind. Immerhin ist das »Pickenbleiben« – also: in einem Lokal versumpfen – so wienerisch, dass man es beim ersten Besuch in der Stadt fast als Sehenswürdigkeit in Betracht ziehen sollte. Zur Vorbereitung empfehle ich jedem unerfahrenen Wienreisenden, seine Erwartungshaltungen herunterzusetzen und seinen Metabolismus zu verlangsamen. Ausgehen in Wien ist wie Apnoetauchen, aber es gibt ein paar schöne Tiefseekreaturen zu entdecken (und Schnaps zu trinken).

WEIL WIEN UNTER EINEM CHRONISCHEN MANGEL AN SELBSTKRITIK LEIDET

Man sollte es bei so viel Neurosen, Manierismen und Minderwertigkeitskomplexen gar nicht für möglich halten, aber neben aller Grant- und Raunz- und Lästerkultur ist Wien auch erstaunlich schlecht darin, über sich selbst nachzudenken. Jegliche Fähigkeit zur Selbstreflexion, auf der man andernorts ganze Comedy-Karrieren aufbauen kann, ist hier derart schlecht ausgeprägt, dass der Wiener nicht mal ein bisschen Kritik an seiner Stadt verträgt, ohne mit dezent beleidigten Kommentaren wie »Ich bring dich um«, »Du kriegst gleich Selbstkritik« oder »Geh sterben« zu reagieren.

Das weiß ich zufällig aus Erfahrung, weil diesem Buch ein *VICE*-Artikel mit ähnlicher Ausrichtung (aber viel weniger Gründen) vorausging, der schon recht kurz nach seinem Erscheinen deutlich machte, dass Wiener es nicht besonders zu schätzen wissen, wenn man das, was sie selbst den ganzen Tag lang kritisieren, plötzlich in verschriftlichter Form ebenfalls nicht ganz gut findet. Es ist ein bisschen so wie mit den eigenen Eltern: Wien, das ist das, worüber alle Wiener raunzen – aber wehe, es raunzt jemand anders, dann wird man zum glühenden Verteidiger des Eigenen (das man gerade noch als Fremdkörper beschimpft hat, aber was soll's).

Ein Teil des Problems dürfte sein, dass der Wiener es gemäß seinem Naturell in gar keiner schöneren, netteren, positiveren Stadt aushalten würde; aber genau wegen dieser fatalistischen Fixierung auf den einen unabänderlichen Ort will er auch von niemandem außer seinem Spiegelbild hören, was daran womöglich nicht zu 100 Prozent koscher ist.

So wie der Wiener ist, so ist auch Wien als Ganzes. Es hat Bauch und tiefen Haaransatz, es ist vom Mangel an Vitamin D gepeinigt, vom Wind durchgerüttelt und vom Glanz des ehemaligen Vielvölkerstaats immer noch so angefixt, dass es den Entzug nur mit Grant und sadistischer Gemeinheit gegenüber denen, die es jetzt besser haben und die nach wie vor größer sind, ertragen kann. Das Traurige daran ist, dass Wien diesen Schritt heraus aus sich selbst, auf die Ebene der Reflexion, nicht schafft, genau wie man das von jemandem mit Wampe, Beinahglatze, Minderwertigkeitskomplex, Größenwahn und chronischem Sonnenlichtentzug erwarten würde.

ORTSABHÄNGIGES

WEIL WIEN NUR DAS SCHLIMMSTE
AUS DEN LEUTEN HERAUSHOLT

Zugegeben – Thomas Bernhard zu zitieren, wenn es um irgendwas mit Wien und Hass geht, ist ziemlich einfach. Fast zu einfach. Vor Kurzem hat sogar jemand eine interaktive Europakarte mit allen Städtebeschimpfungen des großen Literaturtrolls erstellt. Spätestens damit sind Bernhard-Zitate so was wie das McDonald's-Menü unter den Städte-Disses, das man beim Anekdoten-Drive-in quasi im Vorbeifahren aufgabeln kann, ohne auch nur eine Sekunde stehen bleiben und nachdenken zu müssen.

Aber wie das mit Fast Food nun mal so ist, bewahrt einen das Wissen um die Beschissenheit der Sache an sich leider nicht vor dem Wunsch, dass man diese Sache manchmal trotzdem ziemlich dringend will. Nachher weiß man es natürlich besser, wenn man auf einer Rutsche aus Tränen der Reue zum Kühlschrank gleitet und dem Schnellverdauten neues Futter nachwirft. Aber es wäre nicht sehr wienerisch, auch nur einen Fick auf die Vernunft zu geben – oder das eigene Wohlbefinden –, wenn man genauso gut aus dem Bereuen eine Show machen kann.

Das widerspricht auf den ersten Blick vielleicht der ebenfalls sehr österreichischen Angewohnheit, es sich unter keinen Umständen jemals einfacher zu machen als unbedingt nötig. Aber eben nur auf den ersten Blick. Viel österreichischer, als es sich immer schön schwer zu machen oder im Nachhinein alles zu bereuen, ist nämlich die absolute Inkonsequenz bei allem, was wir tun. Auch das holt Wien aus uns heraus. Was wir tun und was wir sagen passt nicht zusammen? – Wurscht. Wir sagen »Küss die Hand« und denken »Leck mich am Arsch«, wir reden von unserer historischen Wichtigkeit (die Habsburger! das Kaiserreich! diese ganze Kultur!) und meinen unseren zeitgeschichtlichen Minderwertigkeitskomplex – und hinter den barocken Fassaden brüten die Bauernschädel.

Nehmen wir Thomas Bernhard: Auch er hat sich seinem Hassobjekt nur sehr inkonsequent entzogen. Mit 34 kaufte er sich zwar einen Vierkanthof bei Gmunden (über das er übrigens laut Google Maps nichts zu schimpfen hatte), aber zwischen den Spaziergängen und der Sozialromantik zog es ihn trotzdem noch gut zwei Jahrzehnte in die fürchterliche Hauptstadt. Womit wir auch wieder bei seinen Städtebeschimpfungen wären. Für Bernhard war Wien »eine einzige stumpfsinnige Niederträchtigkeit«. Also, unter anderem. Außerdem soll es eine »fürchterliche Genievernichtungsmaschine«, eine »entsetzliche Talentezertrümmerungsanstalt« und ein »von der ganzen Welt allein und liegen gelassener Friedhof« sein. Und das sind vermutlich noch die besseren Eigenschaften, die ihm aus dem Gmundner Detox-Exil eingefallen sind.

Jetzt muss der Ärger eines Einzelnen an sich nicht viel heißen. Ich habe auch schon Restaurant-Reviews gelesen, die klangen, als wäre die Nahrungsaufnahme im Lokal mit der Situation der hintersten Versuchsperson in *Human Centipede* vergleichbar, nur weil die Getränke vielleicht fünf Minuten zu spät gebracht wurden – und wenn Thomas Bernhard das Internet noch erlebt hätte, wären von ihm heute wohl auch ein paar poetische Yelp-Repliken mit der Botschaft »Zum Scheißen reicht's« online, nur weil der Kellner ihn vielleicht nicht erkannt hat. Aber genau wie bei Netz-Reviews geht es auch bei Bernhards Wienbeschreibungen um die Treffsicherheit. Und noch heute fühlt sich jeder Wiener wie ein Irak-Heimkehrer, der beim zu lauten Schleudern der Waschtrommel aus Angst vor Gewehrsalven in Deckung geht, wenn er Bernhards Trommel-Salven abbekommt. Ob er wirklich Intellektuelle gehasst hat oder einfach nirgends wohnen wollte, wo irgendjemand intellektueller war als er, bleibt offen – aber beides beschreibt noch heute die Wiener ziemlich gut. Und nicht nur sie, sondern vor allem die Orte, an denen sich ihr Leben abspielt.

WEGEN DES GEREDES VON DER GENTRIFIZIERUNG

Bis zur Amerikanisierung des heimischen Konsumsektors durch Filme wie *Mallrats*, *Jackie Brown* und *Der Kaufhaus-Cop* war Shopping in Wien eine Tätigkeit, die man genauso erledigte wie jede andere: am liebsten widerwillig und ohne auf fremde Menschen zu stoßen. Diesem tiefen Bedürfnis nach zweckdienlicher Isolation trugen die seinerzeit florierenden Straßenlokale Rechnung. Das Tolle an Straßenlokalen war, dass sie wenig Auswahl hatten, dafür aber weit auseinander lagen und man beim Betreten immer das Gefühl hatte, die Besitzer (die gleichzeitig ihre einzigen Angestellten waren) sehr empfindlich in ihrer Ruhe zu stören. Manchmal gab es auch kleine Ansammlungen von drei bis vier solcher Straßenlokale, die man dann »Ekazent« nannte – gewissermaßen das Einkaufszentrum der Energiekrisenzeit. Ekazents sind so gut wie verschwunden, aber Straßenlokale gibt es auch heute noch. Nur sind diejenigen, die trotz Darwin überlebt haben, meistens ein ganz bestimmter Schlag von Geschäft.

Es sind Trafiken mit schlechter Zeitschriftenauswahl, Nähereien und Änderungsschneidereien, Pauschalreise- und Immobilienbüros, Fliesenverleger, Sanitäranlagenanbieter, Konditoreien mit historisch wertvoller Vorkriegsschokolade und Wirte, die ihren Barbereich das letzte Mal 1999 nach dem Vorbild einer Nachmittags-Talkshowbühne renoviert haben. Kurz: Es sind Relikte aus einer Zeit, als Blockleiter noch ein anständiger Titel war und der Wiener noch nicht wusste, dass Einkaufen auch Spaß machen darf. Für den Durchschnittsverbraucher sind Shoppingcenter längst die bessere Alternative: Genau wie der Intimbereich eines Hermaphroditen bieten sie viel Auswahl auf wenig Raum, befriedigen mehr Bedürfnisse auf einmal und verlangen weniger Entscheidung im Vorhinein als ihre klassischeren Gegenstücke.

Dieses Absterben der Straßenlokale hat zwei Konsequenzen: Auf der einen Seite entstehen Lücken im Zahnpasta-Grinsen der Stadt, die mit endlosen Reihen von Plakaten für Techno-Clubbings überklebt werden. Auf der anderen Seite ziehen die verlassenen Erdgeschosse eine ganz bestimmte Gruppe parasitärer Pop-up- und Kunstszene-Geister an, die genau dorthin wollen, wo sonst niemand hinwill, nur damit sie dann, wenn alle anderen wieder hin wollen, sagen können, dass sie längst wieder wegwollen (aber natürlich nicht, ohne zu erwähnen, dass sie diese Gegend schon für sich entdeckt hatten, bevor es cool war). Die Rede ist von den »kaufkräftigen Millennials« aus der »Gen-Y-Wertegemeinschaft« formerly known as Hipster. Wie nachhaltig die Grätzl-Aufwertung durch den Hipster-Zuzug wirklich ist, wird sich erst zeigen – ich habe da noch ein bisschen meine Zweifel, wenn man bedenkt, dass wir hier von einer Zielgruppe sprechen, die auf der ewigen ermüdenden Suche nach dem nächsten heißen Scheiß wie ein Termiten-Wanderzirkus durch die Bezirke zieht.

Das Einzige, was den Wiener Grätzln noch stärker zusetzt als angestaubte Straßenlokale, traurige Erdgeschoss-Leerstände und alles verdrängende Hipster, ist die Diagnose, die man gern aufgrund dieser Kombination von Symptomen stellt: nämlich Gentrifizierung. Gentrifizierung ist als Schlag- und Schockwort so hip, dass man es als echter Großstädter bei mindestens einem Wodka-Soda pro Woche casually droppen muss, um nicht in Verdacht zu geraten, den Bezug zur politischen Realität verloren zu haben. Und das wäre auch völlig gerechtfertigt, wenn die Rede in all diesen absichtlich überlaut geführten Bar-Gesprächen von Gentrifizierung in Brasilien oder Brooklyn wäre. Stattdessen reden wir beim kleinsten Anlass einer Hipster-Ballung (wie furchtbar auch immer diese ihrem Wesen nach sein mag) mit Inbrunst über Gentrifizierung *in Wien*, ohne den Begriff kritisch zu hinterfragen. Und hierbei wiederum ganz konkret über Gentrifizierung im Brunnenviertel, wo nicht nur Wiens türkische Community und der größte Markt Europas, sondern inzwischen auch die Künstler, Galeristen und Bobos zu Hause sind.

Für den Architekten Kurt Smetana, der mit seinem Team von der Gebietsbetreuung Ottakring versucht, den Mietmarkt in und um das Brunnenviertel sozial zu gestalten, ist die Vorstellung, dass junge Bobos mit neuen Lokalen die alteingesessenen Anrainer indirekt aus ihren Wohnungen vertreiben würden, absurd und eine sehr »plakative Sicht«, wie Smetana im Interview mit *VICE* erklärt. Diese Verdrängungsprozesse seien in Wien nachweisbar ziemlich gering.

»Im Jahr 2000 war das Brunnenviertel nahe daran, ein segregiertes Viertel zu sein, in dem es starke Downgrading-Prozesse gab«, so Smetana weiter. Heute gäbe es hingegen durch den Zuzug und die Aufwertung des Viertels mehr verschiedene soziale Schichten. Auch die Änderungen des Marktes schlagen sich laut Smetana nicht in den Mietpreisen des ganzen Viertels nieder: »Vieles hier sind ja bestehende Häuser. Wir haben im Brunnenviertel zirka 300 Häuser – und nur bei etwa 12 bis 13 Prozent wurden bauliche Veränderungsmaßnahmen vorgenommen.« Durch Dachgeschossausbauten werde niemand verdrängt, der sich zuvor keine Dachgeschosswohnung leisten konnte, so Smetana; es entstehe einfach ein neuer Wohnraum, der andere Interessentengruppen anspreche und damit zur sozialen Durchmischung beitrage.

Ja, Straßenlokale sind schlimm, Leerstände noch schlimmer und Hipster wahrscheinlich auch nicht die Lösung – aber am schlimmsten ist, dass wir Wiener im Empörungstrend Gentrifizierung wieder eine Ausrede für den anhaltenden Stillstand gefunden haben.

WEIL UNSER PARLAMENTSGEBÄUDE ALLES SAGT, WAS MAN ÜBER DEMOKRATIE IN DIESEM LAND WISSEN MUSS

Das österreichische Parlamentsgebäude ist ein neoklassizistischer Prunkbau an der prachtvollen Wiener Ringstraße und sieht mit seinem Pallas-Athene-Brunnen, den antiken Säulen, Kapitellen und riesigen Rampen genau so aus, wie man es sich von einer ehrwürdigen, einladenden, erhabenen Vegas-Attraktion erwartet. Dass seine Funktion dabei nicht ganz dieselbe ist – obwohl sich beides natürlich irgendwie am Willen des Volkes orientieren sollte –, ist eher Nebensache. Viel wichtiger ist, hier wie dort, wonach die Gebäude ausschauen und was sie darstellen. Denn: Sitzungen sind vergänglich, aber die Mauern drum herum bleiben. Was für WC-Besuche gilt, kann auch beim Parlamentsbau nicht ganz falsch sein.

Deshalb verfolgte man beim Bau des österreichischen Parlamentsgebäudes die einzig logische Absicht, wenn es darum geht, der Demokratie ein Denkmal zu setzen: nämlich Demut vor dem Kaiser zeigen. Das österreichischen Parlamentsgebäude wurde bewusst so konstruiert, dass es in der Frontalansicht fast flach aussieht, obwohl es eigentlich vier Stockwerke hoch ist. Immerhin entstand es Ende des 19. Jahrhunderts, und damals musste sich der Parlamentarismus in Wien kleiner machen, um nicht ungut aufzufallen – vor allem, weil das Gebäude in gefährlicher Nähe zur Hofburg errichtet wurde und sonst wohl Kaiser Franz-Josefs Bully-Alarm losgegangen wäre. Verständlich also, dass man sich seinerzeit für den architektonischen Kniefall entschied.

Heute darf man sich trotzdem fragen, warum das Gebäude dasselbe und die Botschaft irgendwie gleich geblieben ist. Obwohl ich befürchte, dass die richtige Antwort lautet: weil's schon mal steht und einfach bequemer ist. Eigentlich ist die Erklärung auch egal.

Fakt ist: Nichts ist typischer für Wien und sein Verständnis von Politik und Demokratie, als dass sein Parlament eine optische Täuschung ist.

41. GRUND

WEIL DER WESTBAHNHOF RENOVIERT WURDE

Wer Wien aus jener Zeit kennt, als man zum Googeln noch nach Hause musste, weiß, dass es hier mal einen Bahnhof gab, der der Stadt einst einen Hauch von Großstadt verlieh. Und damit meine ich einen richtigen Bahnhof: also einen übergroßen, ungemütlichen, unbequemen Haufen Steine mit schlechter Raumnutzung und noch schlechterer Raumluft, in dem der »Hauch von Großstadt« den Geruch von Zahnfüllung hat, aber man daran irgendwie trotzdem nichts aussetzen kann, weil der ganze Bau auch so liebenswert dreckig ist – und das, was einem Rückhalt gibt, ist die Gewissheit, dass sich an besagtem Bau zu Lebzeiten seiner Begeher und Benutzer bestimmt nichts mehr ändern wird. Genau das war der Wiener Westbahnhof.

Hier gab es Alkoholiker, schwere Raucher, Menschen, die den ganzen Tag nichts zu tun hatten, und andere finstere Gestalten – und manche davon waren nicht mal Angestellte. Das Ganze hatte das Flair des Flughafens von Bratislava, nur ohne die Aussicht, dass jemals irgendwer abheben würde. Wer am Westbahnhof in Wien ankam, bekam gleich einen gratis Crashkurs dazu, was man sich von dieser Stadt zu erwarten hatte: wenig Auswahl, kein Service, kaum Sitzmöglichkeiten und niemanden, der sich darum scherte, was eigentlich vor sich ging.

Ich weiß noch, dass es über ein Jahrzehnt nur eine einzige Möglichkeit gab, in dieser riesigen Box etwas zu trinken und dabei zu sitzen – und die bestand darin, eine kleinere Box im hintersten Eck des Bahnhofs zu besuchen. Wem der überdimensionierte Bahnhof noch nicht wienerisch genug war, der konnte sich in diesem Imbiss-Glaskasten unter der Decke die konzentrierte Wiener Dröhnung abholen. Es war ungemütlich, minderwertig und fast schon sadistisch klein, mit gefühlten zehn Sitzplätzen für das wohlgemerkt einzige Café im meistfrequentierten Bahnhof von Wien, das sich gern als Babylonisches Tor zwischen Ost und West versteht, aber mit diesem Imbiss-Experiment deutlich machte, dass es bestenfalls das Nadelöhr von Bratislava war.

Es war, als hätte jemand im Inneren eines Pottwals ein Plumpsklo aus Glas ins Eck gestellt, das noch dazu die meiste Zeit außer Betrieb war. Es war das alte Wien in Reinkultur. Und dass der Westbahnhof außerdem ein Endbahnhof und keine Durchreisestation war, hat die traurige Finalität bei der Ankunft nur noch verstärkt. Hier anzukommen war kein Spaß, aber es war Wien. Wahrscheinlich genau deshalb. Aber gerade, als die ganze Stadt den Bahnhof wie einen eingegangenen Lederschuh endlich nicht mehr am kollektiven Fuß drücken spürte, überlegte man sich, dass es wahrscheinlich wieder mal ein bisschen wehtun sollte – und begann damit, die neue »BahnhofCity West« zu planen. Jetzt ist das glänzende, gläserne Ding seit fünf Jahren fertig, besteht aus einem halb unterirdischen Trakt aus Shoppingtempeln und sieht wie etwas aus, was in einem japanischen Monsterfilm als Erstes zerlegt werden würde (auch, weil die Neubauten rings um die historische Halle Bügeleisen-ähnliche Griffe in Godzilla-Größe haben). Züge fahren hier irgendwie immer noch, wenn auch nur mehr vereinzelt. Aber das ist ohnehin längst nicht mehr der Fokus dieser Pottwal-Kathedrale. Vom kaputten Großstadt-Flair, das Wien damals durchzogen hat, ist nur noch ein Museumsstück übrig.

WEIL DER MEISELMARKT EXISTIERT

Es gibt Architektur, die Touristen anzieht. Und es gibt den Meiselmarkt. Viele würden auf die Frage nach dem hässlichsten Platz der Stadt wahrscheinlich den Mexikoplatz, das Neue Institutsgebäude der Uni Wien oder ein x-beliebiges Stück Industriegebiet an der Gudrunstraße nennen, aber das wäre zu kurz gedacht. Der Meiselmarkt ist das ästhetische Zuendedenken all dieser Plätze.

Würde Rainer Werner Fassbinder heute noch leben, wäre dieser Platz wahrscheinlich der Ort, an dem er einen Science-Fiction-Film über kettenrauchende Roboter mit sehr gebrochenen Seelen drehen würde. Er würde »Meta-Statis Meisel« heißen, dreieinhalb Stunden dauern und großteils mit den Lichtbrechungen im Obstabwasser spielen.

Der Meiselmarkt ist von außen nicht besonders schön und sieht von innen aus wie die Gänge einer Grundschule, die für eine Themenwoche zu »Lebensmittel aus aller Welt« umdekoriert wurde. Er liegt im 15. Wiener Gemeindebezirk – an einer Kreuzung, die ihre Blütezeit erlebte, als es in der Nähe noch Gras-Lokale gab – und versprüht das vibrierende Flair jener Gegenden in GTA, in denen man nur lándet, wenn man zehn Minuten lang auf seinem Controller eingeschlafen ist. In dem hypnotischen Treiben aus Funktionalität und Fadesse können sich Blicke regelrecht verlieren, werden für ihr Verharren aber in der Regel mit einem pittoresken Eyecatcher in Gestalt einer schlaffen Österreichflagge belohnt – quasi die Cocktailkirsche unter den Meiselmarkt-Attraktionen.

Oder um es mit dem berühmten österreichischen Musikjournalisten und regionalen Abgrundforscher Christian Schachinger zu sagen, der dem Markt ein eigenes Facebook-Album widmete: »Sechs Mal Meiselmarkt unter den ersten fünf Plätzen«.

WEIL NACH DEM ENDE DER PRATERSAUNA NICHTS MEHR KOMMEN KANN

Clubhymnen haben ja häufig etwas unangenehm Pathetisches – so wie wenn man mit zusammengekniffenen Augen auf einer schottischen Klippe steht und Enya im Hintergrund läuft. Für die Pratersauna nehme ich diese Peinlichkeit gern in Kauf. Die Pratersauna war ein ehemaliger Swingerclub und Ostmafia-Treffpunkt am Rand des Wiener Praters, der 2009 als Club eröffnete und Wien kurzzeitig so etwas wie ein würdiges Berlingefühl verlieh.

Es war ein mystischer Ort, der aussah wie die etwas abgeranzte Version einer Villa aus *Mulholland Drive*, aber auch ein hysterischer Ort, der im Inneren an *Alice im Wunderland* erinnerte und wo sich bei jedem Besuch wortwörtlich eine neue Tür auftat. Es war auch ein merkwürdiger Ort, an dem Hipster, HipHop-Kids und Rucksacktouristen auf Leute trafen, die den Club mit dem nahe gelegenen Prolo-Imperium Praterdome verwechselten. Und es war ein friedlicher Ort, an dem sogar diese Mischung für kurze Zeit irgendwie hinhaute. Es war außerdem ein zeitloser Ort, den man irgendwann nach Mitternacht betrat und am nächsten Abend mit einem frischen Sonnenbrand verlassen konnte, weil man irgendwo im Garten einschlief. Vor allem aber war es ein denkwürdiger Ort, an dem Hudson Mohawke einst den Bunkerfloor zerlegte, Zebra Katz von der Decke baumelte und das Publikum einst in Becher pisste, als es für mehrere Stunden am Poolfloor (der einen tatsächlichen Pool hatte) eingesperrt war.

Ende Januar 2015 sperrte die alte Sauna, die 2010 von DeBug noch zum zweitbesten Club gewählt und wegen der Wien kurzzeitig als Nachfolger von Berlin gehandelt wurde, zu. Das Eierschaukeln der größeren Clubstädte tat gut, aber spätestens mit dem Ende der Sauna wurde den Wienern auch ganz schnell bewusst, wie weit diese Euphorie von der Wirklichkeit entfernt war, wenn erst mal der einzige Club fehlte, der uns diesen Ruf eingebracht hatte. Übernommen hat den Club seither Martin Ho, der Betreiber des Gastronomie-Unternehmens DOTS und Inhaber des HipHop-Clubs Vie-i-Pee, der uns im deutschsprachigen Raum wohl bestenfalls eine Ehrennennung für den schlechtesten Namen einbringt (es klingt tatsächlich so, wie man es von einem erfundenen Club in *GZSZ* erwartet). Die Pratersauna geht damit den Weg alles Wienerischen: vom Wildwuchs-Club, der Berlin Konkurrenz macht, zur professionalisierten Business-Opportunity, die den Poolfloor durch einen snobistischen Member-Club ersetzt.

44. GRUND

WEIL CHRISTKINDLMÄRKTE DIE SCHLIMMSTE SEITE DES WINTERS SIND

Die Absurdität von Dingen lässt sich meistens ganz gut daran messen, wie man sie einem Außerirdischen (oder einem zeitreisenden Ritter aus dem Mittelalter) erklären würde. Im Fall von Christkindlmärkten lautet so eine mögliche Erklärung: »Stell dir vor, in den reichsten Teilen der Welt stellen sich Menschen in der kältesten Jahreszeit auf öffentliche Plätzen, wo ihnen die Zehen abfrieren, und kompensieren die fehlende Wärme, die sie in ihren Wohnungen fast gratis haben könnten, indem sie gemeinsam völlig überteuertes alkoholisches Zuckerwasser inhalieren, in dem Gewürze und Bröckchen des Vorabends schwimmen.«

Wahrscheinlich muss man gar nicht von besonders weither kommen, um die Skurrilität der Gesamtsituation zu erfassen – und da rede ich noch nicht mal von Lebkuchenherzen mit der Spritzguss-Aufschrift *#YOLO* oder davon, dass die Ausschankmethode aus gigantischen Bottichen mit Bröckchen-Treibgut selbst dem härtesten Ritter aus dem Mittelalter eine Spur zu unhygienisch gewesen wäre.

Für mich waren Christkindlmärkte schon als Kind ein Gruselkabinett aus allem, was ich nicht ausstehen kann – beschissenem Spielzeug, betrunkenen Pensionisten, Bratwürsten mit Sauerkraut, ständigem Harndrang, nervigen Volksmusik-Kapellen und so viel verschüttetem Punsch auf dem Boden, dass sich Gehen anfühlt, als würde man mit Magnetschuhen auf der Außenseite eines Raumschiffs entlanglaufen. Wenn wir Christkindlmärkte besuchten, waren sie meistens der elende letzte Zwischenstopp auf dem Weg vom Einkaufen nach Hause – was irgendwie passte, weil zuerst wir Kinder im Bällebad herumtollen und später unsere Eltern auf der Glühweinwelle dahinschwimmen durften, was irgendwie dasselbe ist.

Hinzu kommt, dass das Zeitfenster, um Christkindlmärkte von ihrer Schokoladenpunschseite zu erleben, nur circa so lange geöffnet ist wie ein durchschnittliches Stargate oder die Spendenfreudigkeit der Wiener während der *Licht ins Dunkel*-Gala: Vor 18:00 Uhr ist es noch nicht dunkel und belebt genug, um die volle Magie dieser dunstigen Orte zu spüren, und nach 20:00 Uhr sind die Punschstände bereits voll mit der Art von Menschen, die das restliche Jahr über in Tankstellen-Bistros mit sich selbst über die Mehrwertsteuer und die Situation in Syrien und dem Irak fachsimpeln.

Trotzdem (oder vielleicht gerade deswegen) sind Christkindlmärkte ein wesentlicher Bestandteil der Wiener Seele, sobald es draußen kalt und dunkel wird und wir jedes Jahr wieder vom Wintereinbruch überrascht sind, als wären wir zum ersten Mal aus Peru zu Besuch. Christkindlmärkte sehen nur zwei Stunden am Tag gut aus und riechen die restliche Zeit wie der Atemalkohol eines Wiener Rotlicht-Strizzis. Sie sind absurde Orte voller Kitsch, Grind und sentimentaler Klebrigkeit, und der Glukose-Glühwein-Geruch, der an den Christkindlmarkt-Hotspots die Öffis durchweht, ist ohne eigenen Dusel (aka »Damenspitz«) und/oder Flachmann nur schwer zu ertragen – andererseits bedeuten mehr alkoholische Straßenbahn-Dünste auch, dass die Leute zumindest weniger betrunken Auto fahren.

45. GRUND

WEIL IMMER NOCH ORTE NACH ANTISEMITEN BENANNT SIND

Natürlich können einzelne Menschen immer Fehler machen. Sie können die Hände im falschen Moment heben, in T-Shirts hineinstolpern, die sie eigentlich niemals tragen würden, mit der Mouse irgendwie abrutschen und das Ganze versehentlich hochladen. Danach können sie sich, wahrscheinlich aus reiner Ungeschicktheit im Umgang mit den Medien, in eine Opferrolle hineinsteigern und ein bisschen die Läuterung vergessen. Passiert. Niemand erwartet von einzelnen Menschen moralische Kohärenz. Wir sind im Privaten schließlich alle Teilzeitmoralisten, die hin und wieder auch mal freihaben wollen.

Ein bisschen mehr Klarheit erwartet man sich da schon von Institutionen. Von öffentlichen Einrichtungen. Und Städten. Auch (und vor allem) in Sachen Symbolik. Ein Beispiel: Bis 2012 hieß ausgerechnet jener Abschnitt der Prachtstraße am Ring, der an der Universität Wien vorbeiführt, Dr.-Karl-Lueger-Ring. Benannt war der Straßenteil nach Wiens Altbürgermeister Dr. Karl Lueger, einem bekennenden Antisemiten, dem auch das Zitat »Wer Jude ist, bestimme ich!« zugerechnet wird. Heute heißt derselbe Straßenabschnitt Universitätsring, und das alte Straßenschild wurde 2013 auch dem Jüdischen Museum übergeben. Der Wiener Weg wäre vermutlich, darauf hinzuweisen, wie kleingeistig es wäre, den begrabenen Hund noch mal ans Licht zu zerren, wo die Sache doch inzwischen so schön erledigt ist. Und vielleicht ist es wirklich engstirnig, daran zu erinnern, dass 2012 im Kalender auch ein ganzes Stück weit von 1945 entfernt liegt. Aber selbst, wenn man nicht nachtragend sein will, kommt man an Dr. (!) Karl Lueger nicht ganz vorbei. Denn in einer wahrlich wienerischen Anwandlung hat man zwar die Spuren des Antisemiten in der Nähe des universitären Rings (bei den Großkopferten und Studierten) beseitigt – aber tief drin im Ersten Bezirk, wo das antike Herz Altwiens nach wie vor im selben Rhythmus schlägt wie immer, gibt es nach wie vor den Dr.-Karl-Lueger-Platz; und die Stadt macht keine Anstalten, daran etwas zu ändern.

Dr. Karl Lueger war zugegeben kein Nazi. Er war vielleicht sogar einfach nur ein antisemitischer Opportunist, der den Geist seiner Zeit geatmet und mit viel heißer Luft den Weg zum Gas mit bereitet hat. Aber es ist nicht ganz unbezeichnend (man beachte die wienerische Verklausulierung), dass Wien immer noch keinen Grund sieht, eine harte Trennlinie zwischen dem Heute und dem Nazistischen oder Naziesken zu ziehen – und zwar nicht mal dort, wo es um reine Straßennamen geht. Wenn uns die Zäsur schon bei bloßen Symbolen so schwerfällt, wo man es allein für den Seelenfrieden der Gemeinten und Ermordeten locker ändern könnte, selbst wenn man es nicht so meinen sollte, wie schwer muss uns die Zäsur dann erst anderswo fallen?

46. GRUND

WEIL IMMER NOCH PLÄTZE NACH NATIONALSOZIALISTEN BENANNT SIND

Wie gesagt, Karl Lueger war kein Nazi. Zynische Wiener würden jetzt vielleicht sagen, das liegt unter anderem daran, dass Karl Lueger bereits 1910 verstorben ist und demnach nicht mal die Möglichkeit hatte, einer zu sein. Es gibt aber auch ein anderes Beispiel für die eher pragmatische Benennungspolitik in Wien: Noch heute gibt es hier nahe der U-Bahn-Station Kendlerstraße einen Platz, der nach dem Heimatdichter Josef Weinheber benannt ist. Im Schillerpark gibt es außerdem ein Weinheber-Denkmal in Form einer Büste, das erst seit 2011 mit einer historisch erklärenden Plakette versehen ist.

Josef Weinheber ist geborener Wiener und trat bereits 1931 der damals illegalen NSDAP in Österreich bei. Er gehörte nicht zu den Mitläufern und nicht zu den Opportunisten, nicht zu den Ängstlichen und nicht zu den Unterdrückten. Er war überzeugter Nationalsozialist.

Über das Denkmal gab es 2010 erste leise Diskussionen. Damals erklärte der Sohn des Dichters, Christian Weinheber-Janota, im Namen der Weinheber-Gesellschaft gegenüber der *Presse*: »Wenn das Denkmal entfernt wird, wird es Proteste geben.« Wie die *Presse* weiter berichtete, hätte man aber nichts gegen eine historische Erläuterung, solange diese auch die ganze Wahrheit abbildet: Weinheber war nämlich nicht nur 1931 der illegalen NSDAP beigetreten, sondern wurde auch 1934 »wegen Nichtbetätigung für die Bewegung und Nichtbezahlung von Beiträgen« ausgeschlossen, was, so Christian Weinheber-Janota, »für ihn nach dem Anschluss mit Nachteilen verbunden war«. Er war also vielleicht ein Nazi, aber keiner, dem es unter Hitler nur gut ging. Dass Weinheber 1943 einen erneuten Antrag auf Parteimitgliedschaft stellte und rückwirkend ab 1941 wieder in den warmen NS-Schoß aufgenommen wurde, tut da vermutlich nicht allzu viel zur Sache. Über den Weinheber-Platz in Wien-Ottakring gab es hingegen nicht mal diese Debatte.

EINGEWACHSENES GESCHICHTLICHES

WEIL WIEN DIE HABSBURGER IMMER NOCH ZURÜCK WILL

Man weiß, dass seine Familie ein Problem hat, wenn eine erbliche Missbildung nach ihr benannt ist. Zumindest könnte man es zu diesem Zeitpunkt vermuten. Oder sich das Ereignis einfach nur so zum Anlass nehmen, um über ein paar Dinge in der stellenweise genpooltechnisch womöglich etwas insularen Familiengeschichte nachzudenken. Oder aber man ignoriert die Zeichen, bleibt stolz, setzt Scheuklappen auf und hofft auf die Rückkehr zum alten Glanze.

Die Rede ist von der Habsburger Unterlippe, die laut Wikipedia »einen Teil des charakteristischen Habsburger Gesichtes« bildet, und die Familie dahinter ist für viele Österreicher auf gruselige Weise immer noch mehr Familie als die eigene. Immerhin hat das Haus Habsburg Österreich durch ein paar glorreiche Jahrhunderte geführt, von denen wir, so gut es geht, noch heute zehren. Und da wir Wiener heute sowieso keine Ambitionen haben, alte Hierarchien aufzubrechen und Herrschaftsmodelle zu hinterfragen, sondern eher total pro nostalgische Verklärung und kaiserliches Cosplay sind, kokettieren wir stattdessen mit der Monarchie und wünschen uns, typisch Wiener eben, herausgeputzte Herrscher zurück, von denen man im Grunde aber nichts zu befürchten hat. Die Überlegungen sind dabei nicht unähnlich denen einer Castingshow-Jury: Wir wollen jemanden mit Stil, Starqualitäten, einem Familienumfeld, aus dem sich notfalls der nächste Star rekrutieren lässt, und der relativen Gewissheit, dass die Person nicht vor einem sozial akzeptierten Alter einen kompletten Zusammenbruch erlebt. Kurz: Wir wollen die Kardashians, nur in gut gekleidet. Und am liebsten mit dem Label »Habsburg« irgendwo im Reisepass oder im Kleidungsetikett. Ich selbst habe zu meiner Überraschung vor Kurzem ein Würstelstand-Gespräch mitgehört, in dem ein heftig mit dem Finger wedelnder Arbeiter in Latzhose sehr laut »Die Habsburger gehören wieder her« gerufen hat; und zu meiner noch größeren Überraschung war ich selbst eigentlich nur darüber überrascht, dass der Mann gerade wirklich »Habsburger« und nicht »Hitler« gesagt hatte.

Das war nicht immer so; unmittelbar nach dem Ende der Monarchie gab es Enteignungsbestrebungen, das Adelsaufhebungsgesetz und sogar ein eigenes Habsburgergesetz, um sich als Republik gut gegen das alte Zepter zu polstern. Aber das war, bevor wir wussten, dass Herrscher noch viel schlimmer sein konnten und diese ganze Sache mit der Selbstbestimmung anstrengender war, als seine Rechnungen zu bezahlen. Heute sind wir klüger. Heute haben wir diesen Hickhack, den uns die Demokratie eingebracht hat, nicht mehr wirklich nötig. Und ein Parlament gab es damals immerhin auch schon. Also warum nicht ein Update zum royalen Glanz von damals machen? Es würde auch ganz sicher alles anders werden. Nicht so, wie auf eine PlayStation 2 zurückzurüsten, sondern eher, wie einen Emulator für PlayStation-2-Spiele auf der aktuellen Konsole zu installieren. Ein Habsburg-Emulator für die Republik 3.0, sozusagen. Wie super wäre das bitte? Wie man sieht, liegt der Geist des alten Herrschergeschlechts immer noch wie ein Speichelfilm, der von einer vorstehenden Habsburgerlippe tropft, über der Stadt.

48. GRUND

WEIL UNSER KAISER OFFIZIELL NIE ABGEDANKT IST

Zum Mythos der Habsburger trägt mit Sicherheit auch bei, dass das Ende der Monarchie in Österreich ein sehr österreichisches war. Immerhin ist Kaiser Karl I. nie offiziell abgedankt, sondern hat stattdessen nur – gnädigerweise, versteht sich – auf »jeden Anteil an den Staatsgeschäften« verzichtet. Man könnte also sagen, die Monarchie ging in Österreich niemals wirklich zu Ende, sondern hat der Demokratie lediglich – auch ziemlich gnädigerweise, klar – das Spielfeld überlassen. Höre ich ein »Österreich GmbH«? Oder ein »Wir sind kein souveräner Staat«? Bekomme ich eine PowerPoint-Präsentation mit Chemtrails und vielen Rufzeichen? Oder zumindest den Zuspruch von Xavier Naidoo, Ken Jebsen und den Anhängern von »One People's Public Trust«?

Aber so verschwörungstheoretisch und realpolitisch irrelevant das alles auch klingt, sagt es doch viel über die Wiener Art der Problemlösung und Konfrontationsfreudigkeit aus. Wir leben eben immer noch im Brain-Biedermeier: Klare Einschnitte sind einfach nicht unsere Sache. Eigentlich ist es ein kleines Wunder, dass Wiener Chirurgen mit dem Skalpell arbeiten und nicht stattdessen halbherzig mit dem Löffel versuchen, durch die Haut zu kommen.

Übrigens wurde der letzte Kaiser 2004 von Papst Johannes Paul II. selig gesprochen, nachdem eine in Brasilien wirkende Nonne aus Polen durch die Anrufung von Kaiser Karl von ihrem jahrzehntelangen Venenleiden geheilt worden war. Dass der Seligsprechungsprozess dabei maßgeblich durch die Lobbyarbeit von Bischof Kurt Krenn angetrieben wurde – jenem Bischof, der Juden des Kinderverspeisens beschuldigte und später wegen kinderpornografischer Fotos und homosexueller Beziehungen im Priesterheim kleinere Dämpfer erlitt –, spielt im Nachhinein natürlich keine Rolle; genauso wenig wie der Umstand, dass Kurt Krenns Lobby den Namen »Kaiser-Karl-Gebetsliga für den Weltfrieden« trug und damit wie ein katholischer Superhelden-Comic klingt (Pedo-Man anyone?). Hauptsache, wir haben es schriftlich von der Kirche, dass der letzte Habsburger Kaiser endlich auch offiziell verehrt werden darf. Heil Habsburg!

WEIL WIEN DER WELT IMMER NOCH
UM JAHRE HINTERHERHINKT

Gustav Mahler sagte mal vor Längerem: »Wenn die Welt einmal untergehen sollte, ziehe ich nach Wien, denn dort passiert alles 50 Jahre später.« Aus heutiger Sicht sind 50 Jahre eine unverschämt lange Zeit. Allerdings braucht man das Gustav Mahler nicht zu erzählen, der erstens in einer Epoche lebte, in der die durchschnittliche Lebenserwartung 35,6 Jahre betrug – und der zweitens selbst im Alter von 50 Jahren gestorben ist. Und zwar in Wien. Das ist zwar nicht im engeren Sinne ironisch, aber irgendwie doch zumindest typisch wienerisch: Da lässt man sich einmal zu einer konkreten Aussage hinreißen, und schon kassiert man vom Schicksal die Abfuhr. Der Wiener würde wohl sagen: »Naja. 100 ist er deshalb nicht geworden.«

Alleine schon deshalb werde ich mich hüten, die Zeitverzögerung zwischen Wien und dem Rest der Welt mit einer konkreten Jahreszahl zu beziffern. Stattdessen sage ich nur: Wien kann durchaus wie Berlin sein – aber eben wie das Berlin der frühen 00er Jahre. Seit circa 2014 haben die ersten Wiener auch verstanden, dass es eine Zielgruppe für teures Essen in billiger Kantinenatmosphäre gibt und Bioprodukte manchmal sogar wirklich nach Natur aussehen dürfen. Heute haben manche Bars sogar Slow Gin, und die ersten Cafés schenken auch schon Chai Latte aus, obwohl man es »Chai mit Milch« nennt.

Um den leichten zeitlichen Lag auszugleichen, hat das Bundesumweltamt nun gefordert, Österreich zumindest verkehrstechnisch einen Öko-Boost zu verpassen, und will bis 2020 die vollständige Umstellung auf Elektroautos. Und das in einem Land, das es bis heute nicht geschafft hat, ein halbwegs stringentes Nichtrauchergesetz für Gastronomiebetriebe zu verabschieden. Ich möchte mich wie gesagt auf keine Jahreszahl festlegen. Lasst mich nur sagen: Wir halten uns für New York, aber in Wahrheit sind wir New Jersey. Und dort wollte nicht nur Gustav Mahler nicht hinziehen.

50. GRUND

WEIL DIE STADT EIN EINZIGER
CHOLERISCHER SCHNELLKOCHTOPF IST

Wenn man Wiener fragt, welche Figur Wien am besten charakterisiert, würden die meisten wahrscheinlich Thomas Bernhard sagen. Andere würden vielleicht auf den »lieben Augustin« setzen, der sich mit der Beulenpest im Gepäck zum nächstbesten Heurigen gesetzt und auf den Untergang ein Glaserl Wein getrunken hat. Auch eher weit oben auf der Liste rangieren wahrscheinlich die Pädo-Pappfigur von Peter Altenberg, die Kruppstahl-Karikatur Adolf Hitler oder das schlecht gelaunte Schnörkelgesicht des Notenbeizers Ludwig van Beethoven (auch wenn nur einer von den dreien wirklich Wiener war, aber wir Wiener sind eben ein vereinnahmendes Völkchen).

Am besten fänden wir natürlich eine Mischung aus allen Genannten, quasi als geflicktes Frankenstein-Monster der Mentalitäten. Das deckt für den Wiener sein Selbstbild zwischen Hochkultur, Jammerei, Fatalismus, waschechtem Grant und Allmachtanspruch ganz gut ab. Dabei übersieht der Wiener nur, dass er als Frankenstein-Figur von all diesen Gestalten bestenfalls die Fingerkuppen transplantiert bekommen hätte und der ganze Rest in Wahrheit aus dem wulstigen Körper eines ganz anderen Menschen bestünde. Die Figur, die Wien nämlich tatsächlich am besten charakterisiert, ist Maxl aus dem Gemeindebau. Für alle, die Wien nur durch das Fernglas kennen: Ein Gemeindebau ist ein im Rahmen des sozialen Wohnbaus durch die Stadt Wien errichteter Häuserblock, in dem viele ehrliche Menschen leben (und ein paar Politiker, die zwar nicht bedürftig sind, aber sich trotzdem über Kontakte eine Bleibe inmitten »der aufrechten Leute« gesichert haben). Was ein Maxl ist, können hingegen selbst die Ortskundigen nur schwer beschreiben.

Maxl ist nicht ansatzweise so bekannt wie die historisch eher angedauten Kollegen von oben. Aber er ist auch nicht ganz so herausragend wie sie, im Sinne von singulär und sich abhebend; er ist eher die ultimative Schablone, abseits des Schön- und des Schlimmgeistigen. Maxl ist eine Figur aus dem Reality-Format *Wir leben im Gemeindebau*, wo er eben auch lebt und vor allem durch zwei Eigenschaften auffällt: erstens durch seinen beachtenswerten Alkoholkonsum vor Anbruch des Abends und zweitens durch seine schillernde Kurztemperiertheit.

Wenn die Dinge um ihn herum schiefgehen, blüht Maxls Temperament richtig auf. Maxl ist wie ein Kraftwerk, das von kleinen Hammerschlägen auf die Hoden angetrieben wird: Es macht an sich keinen Spaß, aber wenn das nun mal die Quelle deines Antriebs ist, geht es eben auch nicht ohne. Egal, ob Maxl IKEA-Möbel alleine im Bus nach Hause transportiert oder einfach nur versucht, eine Home-Party in die Gänge zu bekommen, man darf sich sicher sein, dass sich irgendwo im jeweiligen Unterfangen ein kleiner Hoden-Hammer versteckt, der den armen Wiener widerwillig dazu treibt, komplett durchzudrehen. Das sieht dann meistens so aus, dass Maxl am Anfang einer seiner »Episoden« vor lauter Schnappatmung einzelne Wörter abschnürt, als würde er verbale Wurst herstellen, nur um sich kurz darauf kaskadenhaft in der Lautstärke zu steigern, bis vom Gesprochenen nichts weiter übrig ist als eine Geräuschwand, aus der gelegentlich ein »Huren«- oder »Arschloch«-Präfix herausragt – und das alles im Laufe von nur einem durchgehenden Satz, der grammatikalisch nicht nur keine Gefangenen macht, sondern sogar völkerrechtswidrig ein paar Lazarette niederbombt.

Dabei vermittelt Maxl immer zwei sich widersprechende Eindrücke gleichzeitig: Auf der einen Seite, dass er unglaublich leider und gerne selbst woanders wäre; und auf der anderen Seite, dass er sich unglaublich gerne gerade selbst googeln und dazu ein wenig ejakulieren würde. Er oszilliert gewissermaßen zwischen Selbstobsession und Selbsthass, während man beim Zusehen zwischen Fremdscham und Fremdenliebe (im Sinne von »So schlecht ist Auswandern vielleicht gar nicht«) hin und her schwankt. Und genau das – wenn schon sonst nichts – ist der Paradewiener: ein widerwillig unter Druck stehender Schnellkochtopf, der dem eigenen Vernehmen nach von anderen angeheizt wird und sich irgendwann (nach sehr viel passivaggressivem »Küss die Hand«) nur noch mit einem sehr, sehr lauten Zischen helfen kann. Maxl, das sind wir. Je suis Maxl, sozusagen – nicht andächtigen Charlie-Hebdo-/Bataclan-Sinn, sondern als Geständnis der geteilten Täterschaft aller Wiener: Der Maxl, das sind eben nicht die anderen, sondern die dunkle Seite von uns allen.

Einige werden sich jetzt vielleicht nachdenklich ans Kinn fassen und sagen »Hm«, werden sie sagen, »aber wie passt diese Hitzköpfigkeit jetzt zu der geistigen Fadesse und dem Provianzialismus und der Rückwärtsgewandtheit und der generellen Langsamkeit und dem insgesamt eher Faultierhaften an dieser Stadt, das die anderen Punkte bisher in und zwischen den Zeilen vermittelt haben?« Und ich kann nur antworten: Ja, im ersten Moment wirkt das alles vielleicht ein bisschen widersprüchlich. Aber nur so lange, bis man verstanden hat, dass sich der reichlich unterdrückte Selbst- und Fremdhass im unterirdischen Kanalkatakombensystem der Wiener Seele mit dem Provinzialismus und der Gemütlichkeit zu einer gefährlichen, alles verstopfenden Schlacke vermengt, die immer dann, wenn jemand ein paar harmlose Blätter Klopapier zu viel in den Schacht wirft, sofort aus allen Rohren quillt.

Wien ist so klein im Kopf, dass uns selbiger sofort platzt, wenn von außen mal jemand (oder etwas) unangekündigt anklopft. Man muss sich das ein bisschen so vorstellen, wie wenn der geistig eher auf fixe Essenszeiten eingestellte Onkel vom Land einmal im Jahr in die nächstgrößere Stadt fährt, um sich seinen Jahresvorrat an Sonntagssocken zu kaufen – und dann von einem Moment auf den anderen in ein hysterisches Schreien verfällt, wenn ihn ein Fremder einfach nur nach der Uhrzeit fragt.

WEIL WIR NAZITUM NOCH ALS ARBEITERREBELLION FEIERN

Wie gesagt, Maxl ist das cholerische Charakterbild des typischen Wieners. Aber nicht nur sein Temperament und seine, sagen wir, eher alkoholpermissive Einstellung zum Alltag machen ihn zu einem perfekten Maskottchen der Stadt. Es gibt auch noch eine andere Kleinigkeit an Maxl, die ihm im Eignungstest einen kleinen Boost verschafft.

Maxl wurde nämlich kurz nach seiner Teilnahme bei *Wir leben im Gemeindebau* über die Grenzen des Privatfernsehens hinaus nachrichtenbekannt, weil er auf Facebook ein Foto von sich bei der Veranschaulichung des Hitlergrußes gepostet hatte. Selbst für Kenner von Maxl kam dieser Plottwist überraschend. Gut, Maxl trägt zwar ein Tattoo seines Bezirksnamens (»Simmering«) in Frakturschrift auf dem Unterarm, und ja, seine illustre 3-Personen-Posse mag neben Bezirkspatriotismus vielleicht auch das eine oder andere Mal mit dem einen oder anderen leicht diskriminierenden Sager aufgefallen sein (O-Ton: »Schwuuuuuuuuuuuul!«), aber dass er deshalb gleich mit rechten Symbolen kokettiert, konnte ja niemand ahnen. Auch wenn man sich während der Dutzenden Folgen und genauso zahlreichen Wiederholungen oder spätestens bei den YouTube-Best-ofs aus der Sendung natürlich die berechtigte Frage stellen hätte können, ob wir nicht womöglich nur die Spitze des Eisbergs zu sehen bekommen und was es wohl alles *nicht* an den Sendungsverantwortlichen vorbei geschafft hat. Aber wir sind hier nicht beim Fragestellen, sondern in Wien, und hier hat man noch ein bisschen gottesfürchtiges Grundvertrauen in die Gegebenheiten, die uns vorgesetzt werden. Und da ist es für die gutgläubige Natur des Wieners auch eher zweitrangig, ob wir jetzt von Maxl im Gemeindebau oder Hitler am Heldenplatz reden. »Man wird ja wohl noch vertrauen dürfen«, sagt sich der Wiener (also: nicht laut, für andere, aber: für sich, innerlich, denn dann kann wenigstens keiner widersprechen).

Außerdem lässt so ein zum Gruß erhobener Arm auch sehr viel Spielraum für Interpretationen. Vielleicht hat ja der Mann hinter der Kamera Maxl auch nur gefragt: »Wie hoch ist die Gürtellinie der bolschewistischen linkslinken Gutmenschen-Verschwörer, die uns als Nazis hinstellen wollen?« oder: »Wohin muss man schauen, um dein T-Shirt von der Neonazi-Band *Skrewdriver* ignorieren und sich den Vorfall harmlos reden zu können?« Und wer jetzt meint, dass ein T-Shirt der Neonazi-Band *Skrewdriver* in Kombination mit einem Hitlergruß womöglich nur einen Schrumpfpenis von waschechter Führer-Sympathie entfernt ist, der liest eindeutig zu wenig zwischen den Zeilen des wienerischen Geschichtsverständnisses.

Die Reaktionen auf Maxls Nazipose im sozialen Netz waren übrigens getragen von Kommentaren wie »88«, Daumen nach oben und wohlwollenden Hinweisen darauf, dass er mit seinen Postings besser ein bisschen aufpassen sollte. Die Reaktion von Maxl selbst auf die Bekanntmachung seines Fotos war so bürokratisch, wie sie nur ein Eichmann oder ein Wiener zustande bringen kann: Er bat, bewaffnet mit mehreren Rechtschreibfehlern, um die Entfernung des Bildes und drohte der Gratiszeitung *Heute*, rechtliche Schritte einzuleiten.

WEIL WIEN SICH IMMER NOCH NACH DEM
NATIONALSOZIALISMUS AUSSTRECKT

Dass Wien Plätze hat, die nach Antisemiten und Nazis benannt sind, ist natürlich nicht überzubewerten. Zumindest nicht, wenn man Wienern die Bewertung überlässt. Genauso wenig wie der Umstand, dass sich bei den Parteievents der sich gerne moderat gebenden Freiheitlichen komischerweise regelmäßig salutierende Nazis finden und erstaunlicherweise starke Überschneidungen mit unseren sozialpornografisch hochgejubelten Arbeiterrebellen-Maxls aufweisen. Auch, dass man bei uns – wie im Fall des Kabarettisten Hubsi Kramar – mit dem Anti-Nazi-Gesetz gelegentlich auch Anti-Nazis verfolgt, gehört vermutlich zu genau jenen »Einzelfällen«, von denen die FPÖ gerne redet, wenn sie lieber nicht über deren Häufung reden würde.

Und es stimmt ja auch. Es stimmt, dass mit reinem Geschichtsrevisionismus, totaler Naziphobie und der Verbannung gewisser Namen aus dem öffentlichen Gedächtnis die Sache selbst auch nicht bereinigt ist. Auf der anderen Seite ist ein Denkmal, auch mit Plakette, kein Museumsstück und ein Platz, auch (oder erst recht) wenn man seinem Namen keine Bedeutung zumisst, keine historische Aufarbeitung. Die Gefahr ist auch nicht, dass Wiener eine besondere Tätermentalität oder ewige Kollektivschuld zu tragen hätten. Das wäre natürlich Blödsinn. Die Wiener sind nicht prädestinierter, um sich an einem Massenmord zu beteiligen, als die Bewohner jeder anderen ehemals kosmopolitischen, dann zurechtgestutzten, provinzverliebten, geschichtsverdrossenen Stadt auch.

Aber dieselbe lauwarme, unentschlossene, sich nach allen Seiten hin ausstreckende Haltung, die die Stadt Wien bei den Lueger- und Weinheber-Straßennamen einnimmt, ist es auch, die die FPÖ an den Tag legt, wenn es um Distanzierung von Extremismus geht.

Natürlich sind selbst die Freiheitlichen vordergründig antinazistisch. Nicht zuletzt, weil alles andere aufgrund des Verbotsgesetzes gegen nationalsozialistische Wiederbetätigung in Österreich strafbar wäre. Aber gleichzeitig trug der Präsidentschaftskandidat Norbert Hofer im Parlament eine Kornblume am Revers, obwohl diese das Erkennungszeichen der illegalen Nazis in Österreich ab 1933 war; und da reden wir noch gar nicht davon, dass Hofer Mitglied einer deutschnationalen Burschenschaft ist oder der freiheitliche Parteiobmann Heinz-Christian Strache in der Vergangenheit durch Wehrsportübungen und eigenwillige Arten, Bierbestellungen mit Gesten aufzugeben, aufgefallen ist. Wir reden noch nicht mal davon, dass sich bei praktisch jeder rechten Veranstaltung – ob nun von der FPÖ, den Identitären oder von Pegida – Leute finden, die im Brustton der Überzeugung mit Hitlergruß Richtung Bühne salutieren, auch wenn die Veranstalter ihr Publikum offiziell und demonstrativ (und fast ein bisschen komödiantisch) über Megafone darauf hinweisen, doch bitte diesmal auf Nazisymbolik zu verzichten.

Wir reden lediglich davon, dass Wien dort Fugenkitt einsetzt, wo es eigentlich klare Demarkationslinien bräuchte. Und dass wir auf jede Konfrontation mit unserer eigenen Geschichte immer noch reagieren wie Teenager auf einen Vorwurf der Eltern: durch renitentes Weglaufen, Türenknallen und Musikaufdrehen – nur dass bei uns nicht Punk läuft, sondern der Marsch irgendeiner Militärmusikkapelle. Das ist alles nicht gleich nazistisch, aber es ist leider längst nicht das Gegenteil. Auch das verbindet uns mit geistigen Teenagern: Wir lieben die Koketterie mit allem, von dem uns die dumme Masse (zu der man freilich nie gehören will, außer man steht zufällig bei einer Kundgebung mittendrin) sagt, dass es verboten und böse ist. Nietzsches Spruch vom Abgrund, der irgendwann in einen zurückstarrt, gilt auch für uns Wiener. Vielleicht mit einer Abwandlung: Pass auf, dass du nicht zu lange in den Spiegel schaust, sonst zwinkert dir irgendwann der Nationalsozialismus zurück.

WEIL UNSERE NEUTRALITÄT NICHTS WERT IST

Die Neutralität, die ja Bedingung für die Erlangung von Österreichs Unabhängigkeit war, ist immer noch ein großes Thema. Zumindest einmal im Jahr, wenn der Nationalfeiertag näher kommt. Inhaltlich geht es heute noch um dasselbe wie zur Zeit ihrer Einführung: nämlich die Frage, ob sie überhaupt existiert (also damals: schon und heute: noch).

In einem Gastbeitrag, der anlässlich des runden Nationalfeiertags 2015 im *Standard* erschien, wird die Neutralität mit Schrödingers Katze verglichen; sie befinde sich in einem unbestimmten Zustand, weil Österreich sie damals zwar ausgerufen habe, aber die Siegerstaaten die Neutralität nie mit einer »Garantieerklärung« legitimiert hätten. Das ist nicht so weit davon entfernt, zu behaupten, die Zweite Republik habe keine Gültigkeit, weil Kaiser Karl I. (wie an anderer Stelle ausgeführt) offiziell ja nie wirklich abgedankt hat. Ironischerweise sind es genau solche i-Tüpfel-Reitereien, die dafür sorgen, dass sich auch die Neutralitätsdebatte keinen Millimeter bewegt – was wahrscheinlich nicht schlimm ist, weil es kaum etwas Österreichischeres gibt.

Die Antwort ist eigentlich recht einfach: Ja, weil die Neutralität aus dem Neutralitätsgesetz nicht dasselbe ist wie »Neutralität« im Alltagssprachgebrauch. Was genau ihre Eckpfeiler sind, hat der frühere Bundespräsident Heinz Fischer anlässlich des runden Nationalfeiertags 2015 noch mal in drei Punkten erklärt: Erstens, wir beteiligen uns im völkerrechtlichen Sinne an keinen Kriegen; zweitens, wir treten keinem Militärpakt wie der NATO bei; drittens, wir erlauben keinen ausländischen Truppen, sich auf unserem Territorium zu stationieren. »Das ist keine ideologische Neutralität«, sagte Fischer weiter, »und schon gar keine Neutralität gegenüber Terrorismus oder gegen Verbrechen.«

Wenn jeder Krieg gegen Terroristen aber trotzdem ausgeschlossen und gleichzeitig jede »Festung Europa«-Kampfrhetorik der Bundesregierung zulässig ist, muss man sich allerdings auch bei unserer etwas bürokratischen – und sehr österreichischen – Definition von Neutralität fragen, wie viel diese an sich noch wert ist. Außerdem wirft das alles natürlich einmal mehr die Frage auf, was ein österreichisches Militär mit einem verpflichtenden Grundwehrdienst eigentlich bringt. Die Antwort des Heeres ist häufig der Katastrophenschutz; allerdings hat dasselbe Heer im Zuge der Flüchtlingskrise eindrucksvoll bewiesen, dass diese Einsätze auch von Rettung und Feuerwehr bewältigt werden können, während das Militär lieber in bester 1.-April-Manier (ich meine den Film und das Datum) bei der antiquierten Materialschau am Wiener Heldenplatz aufmarschierte.

Wir haben also ein Heer zum Katastrophenschutz, das in Extremsituationen nicht ausrückt. Wir haben Neutralität, aber auch eine Meinung. Wir haben Positionen, dürfen sie nur im Ernstfall nicht verteidigen. Und wir sind weltanschaulich klar positioniert – zum Beispiel gegen die Terrormiliz IS, handeln aber nicht danach – zum Beispiel, indem wir den Leuten, die vor genau dieser Terrormiliz geflohen sind, helfen und für die Öffnung der Kasernen, die Prüfung leerstehender Gebäude und echte Katastrophenhilfe des Heeres einstehen. Wie immer hätten wir am liebsten beides: das Nichtstun und den Ruhm für unsere Taten. Was wir bräuchten, ist etwas, wozu wir Wiener kein ganz so traditionsreiches Verhältnis haben wie zu Inszenierung und großen Gesten: nämlich Verantwortungsbewusstsein und Handlungsbereitschaft. Was wir stattdessen haben, ist eine Neutralität, die sich als Nichtstun definiert.

WEIL DER AKADEMIKERBALL FURCHTBAR IST

Der Akademikerball ist, wie der Name schon sagt, ein Ball, der in der Stadt der Bälle natürlich stilecht mit schwarzem Frack, weißer Fliege und bodenlangem Abendkleid (binär verteilt auf die zwei gutbürgerlichen Geschlechter) begangen wird.

Der Akademikerball ist allerdings, wie der Name verschleiert, kein Ball der oder für Akademiker, sondern das Jahrestreffen der rechten, deutschnationalen Burschenschaften, zu dem auch Herrschaften wie der rechtspopulistische FPÖ-Chef Heinz-Christian Strache Zutritt hat, obwohl er als gelernter Zahntechniker mit Akademikern circa so viel am Hut hat wie mit dem Judentum: In beiden Fällen borgt er sich wohl lieber das Etikett – einerseits mit dem Namen »Akademikerball«, andererseits mit dem Slogan »Wir sind die neuen Juden« – als dass er sich mit dem Inhalt beschäftigen würde.

Der Ball, der immer Ende Januar stattfindet, hieß bis 2012 übrigens noch WKR-Ball, und alleine die Geschichte seiner Umbenennung ist eine prototypische Punkt-für-Punkt-Anleitung dazu, wie man eine Malen-nach-Zahlen-Karikatur der Wiener Seele zeichnet. Ursprünglich wurde der Ball vom Wiener Korporationsring, kurz WKR, veranstaltet, einem Zusammenschluss vor allem schlagender Wiener Verbindungen. Als 2008 die ersten Demonstrationen aufkamen, galten sie allerdings weniger dem Ball als seinem Veranstaltungsort: Der WKR-Ball fand nämlich in der traditionsreichen Wiener Hofburg statt, aus der heraus auch schon der Kaiser regierte und in dem heute noch der ranghöchste Repräsentant und Winker der Nation, der Bundespräsident, residieren darf. 2011 geriet die Hofburg deswegen heftig in die Kritik und zog die Konsequenzen: 2012 würde sie zum allerletzten Mal an den Wiener Korporationsring vermieten, hieß es. Dabei sollte es auch bleiben. Aber das Ganze wäre keine österreichische Karikatur, wenn die Geschichte hier enden würde. Wie eingangs erwähnt, findet der Ball nämlich immer noch jährlich statt; nicht als WKR-Ball des Wiener Korporationsrings, sondern ab 2013 als Akademikerball unter der Schirmherrschaft der Freiheitlichen Partei Österreichs.

Ungeübte Beobachter mögen sich an dieser Stelle zu einem Ausbruch vom Format »Wo ist der verdammte Unterschied?« hinreißen lassen. Das zeugt aber nur von einem grundlegenden kulturellen Unverständnis gegenüber dem Wienerischen. Bei uns nimmt man es von offizieller Seite mit dem Nicht-sehr-genau-Nehmen nämlich sehr genau. Die Forderung war schließlich, dass der *WKR*-Ball nicht mehr stattfindet – von einem artverwandten *FPÖ*-Ball, der sich wie ein Uni-Event nennt, war nie die Rede. Da muss man, bitt' goa scheen, auch nicht gleich ungemütlich werden. Stattdessen könnte man sich ja auch mal einfach über den bürokratischen Etappensieg freuen und nicht gleich die nächste Hürde auf die Zielrunde werfen. In gewisser Weise hat Wien damit so etwas wie seinen eigenen Erfolgsmythos analog zum »American Dream« geschaffen, der sowohl für Linke als auch Rechte funktioniert – nur, dass die Empowerment-Story bei uns nicht vom Tellerwäscher zum Millionär, sondern vom historischen Rangiergleis in die Hofburg oder vom Revolutionär zum Etappensieger des Kleingedruckten führt.

Dass der eigentliche Ball natürlich nicht mehr als eine belanglose Abendveranstaltung mit schlechter Live-Band, überteuerten Karten und politischen Einsprengseln auf Tweet-Niveau ist (die meistens auch tatsächlich auf Twitter landen und genauso brisant oder strafrechtlich relevant sind wie wenn ein kleiner Bub den Stinkefinger in der Kirche hebt), der aber in Wien trotzdem für eine Nacht im Jahr zur Projektionsfläche jedes großen Protestthemas unserer Generation wird, gibt dem Ganzen zusätzliche Würze. Womit wir beim nächsten Punkt wären.

WEIL DIE AUFREGUNG UM DEN AKADEMIKERBALL GENAUSO FURCHTBAR IST

So lethargisch wir auf der einen Seite sein mögen, wenn es um das konsequente Verbot eines rechten Balles in der Hofburg geht (»Wozu die Aufregung?«), so hysterisch können wir auf der anderen Seite sein, wenn es um die linken Proteste gegen dieselbe Veranstaltung geht (»Ein Schaufenster ging zu Bruch! Armageddon! Und die linkslinken Gutmenschen meinen, es gibt keinen Grund, sich aufzuregen!?«). Ich erwähne das vor allem, damit klar ist: Selbst das »Is ma wurscht« der Wiener hat immer auch eine politische Dimension, egal wie wenig die Wiener es sich (oder den anderen) eingestehen wollen. Wenn dem gemeinen Würstelstand-Wiener das Gendern wurscht ist, dann ist er dagegen; und wenn er sich nicht für Ausländer interessiert, dann will er sie loswerden. Nur eben vorzugsweise mit einem Schulterzucken.

Trotzdem kann man sich sogar in Wien manchmal richtig aufregen, wie der Fall Puber (weiter oben) gezeigt hat. Ein zweites Beispiel dafür, was im gutbürgerlichen Demenzklima der Donaustadt schon ausreicht, um als Skandal durchzugehen, sind die alljährlichen Proteste rund um den Akademikerball. Während in anderen Städten jede Nacht Autos brennen und halb Europa von Ausschreitungen heimgesucht wird, gehen in Wien bei der Demo gegen den Akademikerball im schlimmsten Fall, wie im Fall von 2014, ein paar Auslagen kaputt. 2015 wurden einige Taxis mit Ballgästen blockiert und beschmiert, und 2016 gab die Wiener Polizei noch in der Ballnacht ihre Pressemitteilung zum friedlichen Verlauf der Demonstrationen heraus.

Sicher – man kann darüber diskutieren, wie viel die alljährlichen Proteste wirklich bringen. Man kann auch fragen, wie sehr diese überhaupt noch an der Auflösung des Balls interessiert sind und wie sehr es nicht inzwischen auch um das Feiern der eigenen Protestkultur geht. Man kann sogar noch weitergehen und ernsthaft kritisieren, dass die Demonstrationen den gegenteiligen Effekt haben, weil bis 2014, dem Jahr der schwersten Ausschreitungen, gerade mal ein paar Hundert Besucher zum Ball kamen und es im Jahr darauf 1500 waren. Und man kann erst recht in den Raum stellen, dass die großräumige Absperrung der gesamten Innenstadt, die durch die Demo nötig wird, besonders bei den normalitätsverliebten Wienern niemals Akzeptanz für die Gegenbewegung, sondern schlimmstenfalls Sympathie für den rechten Ball erzeugt.

Aber man kann nicht ignorieren, wie verwöhnt Wien im Vergleich zum Rest der Welt ist, wenn man hier ernsthaft denkt, dass ein paar umgeworfene Mülleimer und ein paar zu Bruch gegangene Schaufenster eine ernsthafte Bedrohung der öffentlichen Sicherheit darstellen und solche Lappalien auf öffentlicher Seite wirres Gerede von »bürgerkriegsähnlichen Zuständen« rechtfertigen.

Was 2014 rund um den deutschen Studenten Josef S. passierte, der aufgrund von sich widersprechenden Aussagen von Zivilpolizisten zuerst sechs Monate in Untersuchungshaft saß und schließlich zu einer genau so hohen Haftstrafe verurteilt wurde, dass sich mit Untersuchungshaft und Bewährung die sofortige Entlassung und Ausweisung aus Österreich ergab, sorgte damals in Österreich und in Deutschland für Empörung. Leider weniger nachhaltig als die jedes Jahr neu aufflammenden Echauffier-Tiraden der Wiener wegen der völlig harmlosen Proteste.

WEIL WIR DAS NAZIVERBOT
AUCH GEGEN LINKE EINSETZEN

Dass Wien ein nicht ganz unproblematisches Verhältnis zu seiner Geschichte und insbesondere zur NS-Zeit hat, habe ich bereits erwähnt. Unser Motto lautet sinngemäß: »Wir würden ja wirklich gerne bei der Aufarbeitung helfen, aber morgen ist leider schlecht – und wenn wir bitte unsere Straßennamen behalten dürften, danke.« Ob diese Renitenz trotz oder gerade wegen des Verbotsgesetzes herrscht, das in Österreich die verherrlichende Zurschaustellung von Nazisymbolik unter Strafe stellt, ist ein bisschen wie die Frage nach der Henne und dem Ei. Also im Sinne von: War die Henne schon als Ei ein Nazi, oder ist sie es erst später geworden, nachdem ihr wiederholt eingetrichtert wurde, dass sie wirklich unter keinen Umständen ein Nazi sein darf.

Die Sinnhaftigkeit dieses »Verbotsgesetzes 1947« ist eine Frage für sich, und zwar eine, die derart schwierig zu beantworten und so stark mit Tabus beladen ist, dass man sie eigentlich gar nicht stellen kann, ohne selbst wiederum sofort als Nazi (nicht nach dem Verbotsgesetz, aber so ganz allgemein und moralisch) bezeichnet zu werden. Das Problem ist wie so oft bei Nazithemen, dass es keine Auseinandersetzung gibt, die nicht selbst ins Ideologische abdriftet. Rein rational gesehen tut das Verbotsgesetz nichts anderes, als den Ausdruck von Gedanken und Meinungen unter Strafe zu stellen. Wer »Heil Hitler« sagt, kann demnach angezeigt werden, weil er »Heil Hitler« gesagt hat. Für jede weitere Handlung, die ein Nazi begeht – ob das nun Körperverletzung, Verhetzung, Diskriminierung, Verschwörung, Herabwürdigung des Staates oder die Bildung einer kriminellen Vereinigung ist –, wäre hingegen das Strafgesetz zuständig.

Das Verbotsgesetz schützt uns nicht gesondert oder zusätzlich gegen Naziverbrechen; es soll nur verhindern, dass Nazis ihre

Meinung auch noch laut sagen dürfen; ein bisschen getragen von der Befürchtung, wenn sie das dürften, würden morgen wieder die marodierenden Hitlerhorden zu Hunderttausenden auf der Straße stehen. Das hat vor allem symbolischen Wert und ist angesichts der Schwere unserer geschichtlichen Verantwortung auch verständlich. Schwierig ist es nur dann, wenn das Nazithema zum braunen Tuch wird und man vor lauter Symbolgesetz gar keine Auseinandersetzung mehr zulässt – bis zu dem Punkt, an dem plötzlich linke Kabarettisten wegen Verstoßes gegen das Verbotsgesetz angezeigt werden, weil man sich vor lauter Symbolgesetz ein bisschen schwer damit tut, noch zwischen den Zeilen zu lesen.

Passiert ist genau das beim Opernball 2000, als der Kabarettist Hubsi Kramar aus Protest gegen die gerade erst beschlossene Regierungsbeteiligung der Freiheitlichen Partei unter Jörg Haider seinerseits eine symbolische Aktion auf dem roten Teppich liefern wollte: Seine Limousine kam vorgefahren, und Kramar stieg in täuschend echter Hitler-Montur aus, salutierte sich selbst und sagte: »Ich bin wieder da.« Wem die Kunstaktion bekannt vorkommt, der hat sie entweder damals wirklich mitbekommen, oder aber den deutschen Film *Er ist wieder da* von 2015 gesehen. Im Gegensatz zum Film dauerte Kramars Auftritt nur kurz, bevor er panisch aus dem Scheinwerferlicht getrieben und schnellstmöglich festgenommen wurde. Obwohl Kramar offensichtlich Hitler parodierte, um Haider zu kritisieren, und die Aktion alles andere als verherrlichend gemeint war, wurde er wegen Verstoßes gegen das Verbotsgesetz angezeigt. Trotzdem ist das Verbotsgesetz in Österreich als einziges Zugeständnis zur Geschichtsbewältigung so fest verankert, dass man mit seiner Abschaffung wahrscheinlich ein bisschen mehr aus dem Fleisch der Republik reißen würde.

Wie alle Dinge, die eigentlich zu kompliziert für zwei einfache Gegenpositionen sind, ist auch das Verbotsgesetz ein schwieriges Diskursgebilde, in dem sich alles von Opferschutz über Geschichtsaufarbeitung bis hin zur Tabuisierung gewisser Extreme abzeichnet.

Auf der einen Seite könnte man argumentieren, dass eine Demokratie keine Gedankenverbrechen egal welcher Art ahnden sollte, weil es zu ihrem Wesen gehört, solche Widersprüche innerhalb von demokratischen Diskursprozessen aufzulösen und auch ihre Gegner miteinzubeziehen. Auf der anderen Seite könnte man sagen, dass das zwar grundsätzlich stimmt, aber Demokratie nie im luftleeren Raum entsteht, sondern in jedem Land immer ein historisch gewachsenes Gebilde ist und das Verbotsgesetz eben unserer spezifischen Situation Rechnung trägt. Als jemand, der selbst aus einer jüdischen Familie kommt, tue ich mich selbst schwer mit beiden Positionen. Natürlich will ich keine Naziaufmärsche sehen, aber ich will auch nicht, dass Nazis sich im Geheimen formieren. Und schon gar nicht will ich, dass Gesetze vor lauter gesellschaftlicher Tabuisierung gegen diejenigen eingesetzt werden, die sie im weitesten Sinne schützen sollten.

57. GRUND

WEIL UNSERE RECHTEN SOGAR NOCH EIN PROBLEM MIT FRAUEN HABEN

Wenn Wiener in den Keller gehen, tun sie das bekanntlich nicht nur zum Lachen. Das Wegsperren von Bedürfnissen und unliebsamen Themen (und gelegentlich auch mal von Menschen) hat hier eine reiche Tradition. Dazu gehört auch das Verdrängen jeder Gender- und Frauenrechtsdebatte.

Sollte die Sache mit der Gleichberechtigung doch mal wieder an die Oberfläche schwappen, wird sie sofort von einem Männerrechtsmob mit der Universalfrage »Haben wir denn keine anderen Probleme?« unter Wasser gedrückt. Für manche wirkt das wie ein valides Argument. Andere fragen sich, ob es wirklich sehr schlau ist, alle Probleme, die es nicht in die Top 3 aus Welthunger, Krieg im Mittleren Osten und Flüchtlingskrise geschafft haben, auf Eis zu legen – und ob das nicht außerdem ein bisschen so wäre, wie einem Teenager mit Borderline-Störung zu erklären, dass es die Kinder in Afrika viel schwerer hätten.

Beide Lager hatten jedenfalls einiges zu diskutieren, als erst in der jüngeren Vergangenheit eine minimale, aber wesentliche Textänderung der Bundeshymne beschlossen wurde: von »Heimat bist du großer Söhne« in »Heimat großer *Töchter* und Söhne«. Die Töchter-Passage ist seit 2011 beschlossen und seit 2012 Gesetz. Und ja, in den Olymp der wichtigsten Weltprobleme wird es die Thematik wohl nie ganz schaffen. Gerade deshalb ist es umso erstaunlicher, wie hoch die Wogen bei den Reaktionären gehen, die offenbar sehr viel Problempotenzial in der Änderung sehen und für ihre Law-and-Order-Maßstäbe erstaunlich gesetzesunkonform auf die Neuerung reagieren.

Der selbst ernannte »Volks-Rock'n'Roller« Andreas Gabalier stellte sich 2015 in die erste Reihe der Protestbewegung und verkündete, die Hymne auch weiterhin in der mittlerweile nicht mehr gesetzeskonformen Version ohne Töchter singen zu wollen, weil er es in der Schule nun mal so gelernt hätte. Die bestechende Logik, das Langgediente dem vermeintlich Oktroyierten vorzuziehen, wird spätestens dann brüchig, wenn man sich vorstellt, dass Österreichs letzter Bundespräsident Heinz Fischer auf die gleiche Art argumentiert hätte – er lernte die Hymne in der Schule noch so, wie die Nazis sie den Kindern beibrachten. Da reden wir noch gar nicht von dem weitaus wilderen Gedankenexperiment, sich auszumalen, wie traurig und reaktionär unsere chauvinistische Rechtsliga aus Reichs-Rocker und Freiheitlichen-Fundis selbst im Vergleich zu Deutschlands Beatrix von Storch oder Frauke Petry wirkt.

WEIL UNSER FRAUENBILD IN DER KAISERZEIT STECKEN GEBLIEBEN IST

Aber damit ist es noch nicht getan. Weil wir so gut im Unterdrücken und Verdrängen sind, überrascht es uns dann doch jedes Mal aufs Neue, wenn sich wieder der Verdacht aufdrängt, dass »Österreich in Wahrheit auf einem Gender-Bewusstseinsstand ist, den sogar saudische Scheichs als etwas sexistisch kritisieren würden«, wie Elfriede Hammerl im *Profil* schreibt – was freilich daran liegt, dass wir unseren eigenen Unterdrückungs- und Verdrängungs-Bullshit nur zu gerne glauben würden.

Die meiste Zeit gelingt uns das auch ziemlich gut. Immerhin sind wir Österreicher im Normalfall nicht nur die morbide Zweifaltigkeit aus »Küss die Hand« und »Geh in Oasch« gewöhnt, sondern auch ausgesprochen konfliktscheu und nicht nur was die Sprache angeht sehr passiv.

Es braucht schon einen besonders lauten reaktionären Aufschrei, wie jenen der Gabalieraner, um uns vor Augen zu führen, dass unser Frauenbild wirklich noch in einer Zeit verankert ist, in der man »das schwache Geschlecht« für hysterisch hielt und sich als Mann darüber profilieren konnte (so wie Gabalier heute), durchaus Respekt vor der Damenwelt zu haben, aber sie genau deshalb nicht als Politikum durch den Schmutz der Öffentlichkeit zu zerren. Kurz: Man inszeniert sich als nobler Schutzherr, in dessen Windschatten das zerbrechliche Geschlecht (das man gerade noch mit seiner machistischen Rhetorik in ihre Zerbrechlichkeit hineingeredet hat) ohnehin besser aufgehoben ist.

Andreas Gabalier ist mit seiner Haltung übrigens in bester Gesellschaft: Auch die rechtsextreme FPÖ singt die Bundeshymne bei ihren Wahlkampfschlusskundgebungen nach wie vor ohne *Töchter* im Text. Vielleicht mit ein Grund, warum bei der letzten Bundespräsidentenwahl 60 Prozent der Frauen den grünen Kandidaten Van der Bellen gewählt haben, während 60 Prozent der Männer für den Freiheitlichen Norbert Hofer stimmten. Die Aufspaltung in rechtswählende Männer und linkswählende Frauen ist dabei keine einmalige Erscheinung: Auch der amerikanische Soziologe Michael Kimmel und die Berliner Kommunikationsprofessorin Andrea Römmele beschreiben das Linkswählen von Frauen und die Rechtswahl bei Männern als anhaltende Tendenz in allen westlich-industrialisierten Ländern. Das mag nicht zuletzt (und nicht ganz überraschend) daran liegen, dass sich rechte Männer gern in Bevormundung hervortun. Da reicht es schnell, Frauen als solche »wertzuschätzen« und, im Fall der Wiener Mansplaining-Garde, darauf hinzuweisen, dass die Bundeshymne ohnehin von einer Frau getextet wurde. In den 50er-Jahren zwar und von lediglich einer, im Gegensatz zu der etwas aktuelleren Mehrheitsentscheidung für die Töchter-Passage im Text, aber wer wird den gleich so kleinlich sein. Oder, um es mit den Gabaliers dieser Welt zu sagen: Gusch. Bleibt nur zu hoffen, dass die Rechten als Nächstes nicht die Abschaffung des Frauenwahlrechts fordern, mit der Begründung, dass man Wertschätzung der Weiblichkeit ja auch wirklich gut ohne diesen Gender-Wahnsinn ausdrücken könnte …

WEIL DIE REAKTIONÄREN HIER IMMER NOCH DIE GRÖSSTE LOBBY HABEN

Wenn es eine Sache am Menschsein gibt, auf die sich vermutlich alle einigen können, dann, dass niemand wie alle anderen und jeder auf seine Art einzigartig ist. Zumindest dem Selbstbild nach. Das liegt natürlich daran, dass man in andere nicht so gut hineinschauen kann und sich eigentlich auch nicht vorstellen will, dass sich hinter den vielen Gesichtern da draußen genauso komplizierte Gefühls-kathedralen voller Michelangelo-Fresken verbergen wie hinter den eigenen zwei Augäpfeln. Mit diesem total differenzierten Selbstbild fuhr man früher ganz gut. Dann passierte das Internet und stellte unsere Einzigartigkeit auf den Prüfstand. Dank Facebook wissen wir von viel zu vielen Leuten viel zu viele belanglose Details über ihr Leben, die vor allem eins bewirken: uns vorführen, dass wir irgendwie doch alle dasselbe denken. Das macht die Sache mit dem Abheben und Anderssein ein bisschen schwierig.

Aber es gibt einen Kniff, mit dem man sich seine Ecken und Kanten im Netz ohne viel Aufwand schärfen kann: Einfach mal rückschrittlich sein! Die Ideale der Ewiggestrigen – mit ihrem Gottglauben, ihren Vater- und Führerfiguren, ihrem Katholizis-mus und ihrer ganzen frauen- und fremdenverachtenden Suppe aus Vorurteilen – sind zwar in der Prä-Internet-Welt längst völ-lig abgelutscht; aber im sozialen Netz mit seinen bunten, jungen, lebensfrohen, popgeprägten Botschaften kann man damit noch richtig charakterstark und charismatisch wirken. Und das ganz ohne sich zu verbiegen, geschweige denn anzustrengen!

Manchmal reicht schon der Wechsel des Mediums, damit eine alte Botschaft bei neuen Zuhörern irgendwie fresh und frech wirkt. *Wir brauchen einen strengen Vater!*, schrieb etwa ein österreich-bekannter Twitter-Troll im letzten Bundespräsidentschaftswahl-kampf über Norbert Hofer und postete dazu ein 40er-Jahre-Plakat des starken Freiheitlichenführers, gestützt auf seinen Gehstock und aus der Froschperspektive, während ihm die Menge mit blauen Fäusten zujubelt. In weiteren Tweets postuliert derselbe Troll *Frau-en stehen total auf Rassismus*, fantasiert vom *Gefühl der Fremdheit, wenn man von Negern umgeben ist*, träumt von Frauke Petry als *eis-kaltem Engel* und philosophiert *Man verlangt ja mit jeder Distanzie-rung von Rassismus eine Distanzierung der Menschen von sich selbst.* Einmal schaffte er es sogar in die tagesaktuelle Berichterstattung, als der *Standard* den Retweet eines seiner Postings durch einen

Nationalratsabgeordneten zum Thema machte. Der Abgeordnete, im Hauptberuf Arzt, fiel in der Vergangenheit unter anderem durch seine Aussage auf, dass Po-Grapschen nicht unter Strafe stehen sollte und er seine Frau auf diese Art kennengelernt habe.

Wie gesagt, das Reaktionäre ist nicht neu. Aber im sozialen Netz hat es seine neue Nische gefunden, in der sich seine Vertreter endlich wieder ein bisschen einzigartig und als Outlaws fühlen dürfen, denen gefühlte Horden von Political-Correctness-Agenten gegenüberstehen; und das, obwohl in Wahrheit immer noch sie die gesamtgesellschaftliche Mehrheit stellen. Dank persönlicher Filterblase (dem Netz-Äquivalent zur selektiven Wahrnehmung in der Offline-Welt) lässt sich das Bedrohungsszenario durch die Andersmeinenden bis in die Ewigkeit verlängern. Das Gerede ist dabei oft dasselbe, wie es schon Richard Nixon vor sich hergetrieben hat – von der großen schweigenden Mehrheit, der angeblich die Lobby fehlt, weil sich jeder nur noch um Minderheiten kümmert. Der Unterschied ist nur, dass sich die neuen Reaktionären nicht wie angestaubte Systemparanoiker fühlen, sondern richtig edgy und charakterstark.

Dank der Aufmerksamkeitsökonomie des Netzes, die schnell zu medialer Hornhautbildung führt, kann man derzeit mit Normcore anecken, mit Durchschnittlichkeit auffallen und mit ewig gestrigen Ansichten Augen auf sich ziehen. Man kann ganz altfadrisch Sünde verteufeln, Gott loben, Frauen unterdrücken und das alles als Gimmick vor sich hertreiben. Kurz: Man kann Andreas Gabalier sein und dafür als Meinungsstarker dastehen, statt, wie zu etwas revolutionäreren Zeiten, als Loser auf ganzer Linie. Man kann von der großen schweigenden Mehrheit reden und davon, dass den heterosexuellen, weißen, privilegierten Europäern unverschämterweise die Lobby fehlt; man kann sagen (wie Gabalier in seiner Siegesrede beim österreichischen Amadeus-Award 2015), dass man es heute schon schwer hat, wenn man »als Männchen auf ein Weibchen« steht. Man kann sich als Unterdrückten darstellen, als Politisch-Unkorrekten, als reaktionäre Rocksau mit Reichs-anstrich. Genau wie Andreas Gabalier wird man dafür bejubelt werden. Und man wird auch dann noch nicht stutzig gegenüber dem eigenen »Die Mehrheit ist die neue Minderheit«-Mythos sein, wenn die Jubelrufe längst lauter sind als die Widerworte. Weil nämlich ein einziger Widerredner reicht, um das Bedro-hungsszenario durch die Linken zu prolongieren. Jene Linken, die Heinz-Christian Strache erst 2015 die »neue SA« nannte, wie in: »Sozialistische Antifa«. Weil die trotzigen, zappelnden Baby-Rechten eben erst zufrieden sind, wenn ihnen wirklich niemand mehr dagegenredet. Bis dahin basteln sie weiter an ihrer Identität aus Boulevard-Schlagzeilen, die nicht nur ästhetisch gefährlich nah am Erpresserbrief liegt.

60. GRUND

WEIL FRAUEN HIER NUR ACHT PROZENT DER STRASSENNAMEN AUSMACHEN

Allen, die auf diesen Punkt mit der Frage »Ja, haben wir denn keine wichtigeren Probleme?« reagieren, möchte ich an dieser Stelle herz-lich gratulieren: Sie haben sich soeben ein erneutes Lesen der letz-ten drei Unterkapitel verdient. Sie dürfen das gerne als interaktives Erlebnisblättern verstehen, so wie in den Abenteuerbüchern aus meiner Jugend (»Wenn du den Oger nach den Weg fragen willst, gehe zu Seite 173«).

Wenn Sie sich nach dreimaligem Lesen immer noch mit der-selben Frage im Stammhirn hier wiederfinden, empfehle ich zuerst einen Sprung zum Unterkapitel »Zivilcourage« und anschließend eine leichte Lobotomie, die Sie natürlich nicht ohne ärztliche Auf-sicht oder zumindest nur nach Ansicht eines YouTube-Tutorials durchführen sollten (Achtung, Stricknadel bitte bereithalten).

Für alle Übrigen – und alle erfolgreich Beruhigten – möchte ich die Überschrift kurz noch mal aufdröseln: In Wien sind 92 Prozent aller Straßen, Plätze und Parks berühmten oder zumindest halb bekannten Männern gewidmet. Selbst in den acht Prozent der Fällen, wo Frauennamen im Stadtbild dann doch vorkommen, handelt es sich meist um »kleine Straßen mit wenig Frequenz«, wie Cornelia Krajasits von der Unternehmensberatung Projekthaus gegenüber dem ORF erklärt. Zu verdanken ist die Aufmerksamkeit für das Thema einem Visualisierungsprojekt namens »Genderatlas«, das die Agentur Projekthaus gemeinsam mit der TU Wien und der Universität Wien umgesetzt hat.

Aber selbst die heutigen acht Prozent weibliche Straßennamen konnten nur mit einem ziemlich geschickten, nicht ganz untypisch wienerischen Kniff erzielt werden: Weil wir eben wissen, wie man größtmögliche Wirkung mit kleinstmöglichem Aufsehen erreicht, hat man einfach in neu geschaffenen Wohnsiedlungen den Großteil der Wege und Promenaden nach Frauen benannt. So zum Beispiel in der »Seestadt Aspern« in Wien-Donaustadt, dem auf der anderen Donauseite gelegenen, als leicht laid-back zu bezeichneten Bezirksidyll, das von den Innenstädtern gerne halbabfällig »Transdanubien« genannt wird. Hier in der Seestadt, die 2014 eröffnet wurde, gibt es nun einen musterhaften Hanna-Arendt-Park, einen Maria-von-Trapp-Platz (ja, die Trapps aus *Sound of Music*), eine Susanne-Schmida-Gasse (benannt nach der Gründerin von Wiens erster Yoga-Schule) und sogar eine Janis-Joplin-Promenade.

Die Seestadt Aspern als eine Art Gender-Müllhalde zur Anhebung des Frauennamenanteils zu bezeichnen, wäre wahrscheinlich zu zynisch. Wünschenswert wäre es aber trotzdem, wenn die Stadt Wien auch einen Blick in seine bestehenden Straßennamen werfen und diese einer kleinen kontemplativen Neuevaluierung unterziehen würde. Auch wenn so ein Eingriff den einen oder anderen Altbürger etwas mehr im reaktionären Gedärm zwickt. Bis dahin entschädigt mich aber die Vorstellung, wie Donaustädter bei der Angabe ihrer Adresse »Tschennis Tschopplin« sagen.

WEIL BEI UNS IMMER DER 1. APRIL 2000 IST

Im Jahr 1952 beschloss die österreichische Regierung, ein bisschen Propaganda für die Unabhängigkeit zu machen, indem sie UFOs vor Schönbrunn landen ließ und eine gigantische Theater-Show mit viel »Küss die Hand«-Charme für unsere Kritiker veranstaltete. Weil wir aber immer noch von Österreich reden, passierte das Ganze natürlich nicht echt, sondern in schön überschaubarer Film-Form.

Das Ergebnis heißt *1. April 2000,* und hier ist eine kurze Zusammenfassung für alle, die dieses B-Movie-Meisterwerk wider jede pädagogische Notwendigkeit nicht gesehen haben: Im Jahr 2000 steht Österreich immer noch unter Aufsicht der vier Besatzungsmächte. Weil bereits mehrere Verhandlungen mit den Alliierten gescheitert sind, beschließt der neu gewählte Ministerpräsident auf eigene Faust, die Unabhängigkeit zu erklären. Das lässt bei der Weltregierung natürlich die Alarmglocken läuten, und die Weltpräsidentin fliegt persönlich vorbei, um sich von diesem »Bruch des Weltfriedens« zu überzeugen.

Was darauf folgt, ist das Nächstbeste zu einer Gehirnwäsche der Gemütlichkeit, das man unter dem Etikett »Sci-Fi-Satire« und mit Nebenrollen von Hans Moser und Helmut Qualtinger in Spielfilmlänge packen kann. Das offizielle Österreich tut, was es am besten kann: Es spielt seinen Kritikern etwas vor. Die gesamte Geschichte Österreichs wird in szenischen Bildern nacherzählt – und die Weltpräsidentin wird durch die Bauerntheater-Aufführungen geschoben, als wäre jede einzelne Situation davon echt; vom lieben

Augustin bis zur Sympathieträgerin Sissi. Am Ende siegt der Wiener Charme, und die Herrscherin, die natürlich eigentlich nur bezirzt werden will (hey, es ist immer noch 1952), lässt sich durch die Gentleman-Offensive unseres Ministerpräsidenten von der friedliebenden Natur des österreichischen Volkes überzeugen.

Heute ist der Film auf mehr als nur eine Art überholt. Nur drei Jahre nach der Fertigstellung hatte Österreich schon den Staatsvertrag, für den der *1. April 2000* nicht ganz subtil werben sollte, und feierte seine Unabhängigkeit. Weitere 60 Jahre danach sind wir von Raumschiffen vor Schönbrunn und einer vereinten Weltregierung wahrscheinlich weiter entfernt als damals.

Andere Aspekte sind dafür merkwürdig aktuell geblieben. Nur zwei Monate vor dem echten 1. April 2000 verkündete die Europäische Union tatsächlich Sanktionen gegen Österreich. Dabei ging es zwar nicht um die Staatssouveränität, sondern um die Regierungsbeteiligung der FPÖ, und es kam auch nicht die Weltpräsidentin, sondern nur ein EU-Rat der »drei Weisen«, aber die Angst vor einem neuen österreichischen Extremismus ist überraschend ähnlich. 15 Jahre später, im Spätherbst 2015, sorgte die FPÖ-Regierungsbeteiligung auf mehreren Landesebenen wieder für ähnliche Bedenken. Als die Flüchtlingsthematik dann immer akuter nach einer Lösung verlangte, vollzog auch die formal nicht rechtsradikale Bundesregierung aus Konservativen und Sozialdemokraten eine ideologische Kurskorrektur und versuchte, den Freiheitlichen den Boden abzugraben.

Das Ergebnis: Exkanzler Werner Faymann, der zuvor für Willkommenskultur stand, wollte nun einen Grenzzaun – und weil beides eher Show als Überzeugung war, wurde daraus schnell eine bauliche Maßnahme mit beweglichen Seitenteilen. Im Rest Europas wurde Österreich zunehmend als neues Ungarn gehandelt, aber in Österreich war man sich keiner Radikalität bewusst. Das Einzige, was man wollte, war immerhin, Zeichen zu setzen; eins nach dem andern, zuerst nach links, dann nach rechts. Hier kommen auch die Moral und die Aktualität des *1. April 2000* ins Spiel: Genau wie im Film verarschten wir uns selbst mit einfachen Antworten und beschwichtigten uns mit komplexen Inszenierungen. Am Ende ist im Film übrigens alles nur ein Traum – und zumindest damit ziemlich authentisch. Auf jeden Fall sollte der *1. April 2000* als filmische Studie über die österreichische Mentalität auf jedem Oberstufen-Lehrplan im Fach Psychologie stehen.

KULINARISCHES

WEIL DAS BIER NICHT SCHMECKT

Eine Sache muss man über Österreich wissen: Hier weiß niemand, dass niemand auf der Welt weiß, dass wir glauben, die größte Biernation der Welt zu sein. Wir glauben das, weil wir Konsum mit Qualität verwechseln und immerhin zu den drei Ländern gehören, in denen weltweit am meisten gesoffen wird – und der Rest der Welt weiß davon deshalb nichts, weil die Annahme ganz einfach nicht stimmt. Unser Bier ist so schmerzhaft durchschnittlich, dass man gar nicht anders kann, als doppelt so viel davon zu trinken, wie man eigentlich vorhatte, nur um es wieder zu vergessen. Damit hat unser Bier ziemlich viel mit unserem Kabarett, unserem Schauspiel und unserer Politik gemeinsam (dazu später).

Über das ganze Land verteilt trinkt der durchschnittliche Österreicher also 210 große Biere pro Jahr – und kritisiert dabei das Bier der anderen. Amerikanisches Bier besteht für uns, wo der Antiamerikanismus allein aus Skepsis vor der Servicementalität immer noch blüht und man von Blue Moon und Samuel Adams noch nie gehört hat, sowieso nur aus Bud Light. Und deutsches Bier ist in unseren Augen (denn in unsere Kehlen wird es mit ein bisschen Glück nie gelangen) so etwas wie das Bud Light Europas. Kölsch ist uns zu klein, Bitburger zu normal und Krombacher zu sehr Fernsehwerbung.

Da loben wir uns im Vergleich natürlich unser unverwechselbares Prestige-Bier aus dem 16. Wiener Gemeindebezirk, das genau wie dieser heißt und zum leicht alkoholischen Sinnbild des entspannten Wien geworden ist: das Ottakringer, auch genannt »16er-Blech«, weil es von der begriffsschöpfenden Klasse vornehmlich aus der Blechdose getrunken wird. Das Ottakringer hat dort, wo es gebraut wird, sakralen Status und zerstäubt seinen reviermarkierenden Geruch quer über den 16. und 17. Bezirk, wo er sich in einem olfaktorischen Hochdruckgebiet mit dem Duft der *Manner*-Waffelfabrik vermengt und für alle Anwohner und Besucher einen unverwechselbaren Nasenschmaus kreiert, der sich sowohl in der Magengrube als auch im Hypothalamus festsetzt. Hopfengeruchs-resistente Touristen, die das Riechspiel einmal selbst erleben wollen, sollten bei ihrem Wienbesuch definitiv eine Cabrio-Fahrt über die Wattgasse einplanen.

Auch als Sprachbild hat das 16er-Blech seinen fixen und verdienten Platz in jeder Wienerzählung. Wer einen Wiener bittet, ihm eine Phrase der Einheimischen beizubringen, wird mit ziemlicher Sicherheit entweder mit »Oachkatzlschwoaf« (Eichhörnchen-Schweif) auf die Probe gestellt oder aber mit der fixen Fügung »A 16er-Blech und a Eitrige mit ahm Buckl« auf die Bestellung beim nächsten Würstelstand vorbereitet (keine Angst, es ist keine Mutprobe, und man bekommt dafür nicht die »Goschn« poliert). Trotzdem ist das Ottakringer eher sprachlich und gerüchlich als geschmacklich relevant. Der urtypische Wiener würde dem alleine schon aus Reflex nicht zustimmen; hinzu kommt, dass ihm als geborenem Skeptiker sowieso alles suspekt ist, was nicht schal und fad schmeckt. Bier mit Eigennote, das ist für ihn das geschmackliche Äquivalent zu einem halb nackten Mann mit Federboa und Nippel-klemmen, der im Beisl einfach neben einem erscheint und einen ungefragt antanzt. So weit kommt's noch.

63. GRUND

WEIL UNSERE BÖHMISCHE BÄCKERTRADITION BULLSHIT IST

Im Ausland hat Wien einen erstaunlich guten Ruf, was seine Nachspeisen und Backwaren betrifft – und auch die Wiener selbst bilden sich einiges auf ihre böhmische Bäckertradition ein. Da gibt es Palatschinken, die natürlich niemand so gut kann wie wir, Croissants, die die Welt im Grunde uns zu verdanken hat, und ein ganzes Spektrum von Brötchen, Semmeln, Mohnflesserln und Kornspitzen, das sehr viel über unsere unglaubliche Nuanciertheit im Teigbereich aussagt. Wie vieles in Wien hilft das zwar dem differenzierten Selbstbild, ist aber ansonsten unglaublicher Bullshit.

Spätestens, wenn man das Alter erreicht, in dem man von seinen Eltern kein Taschengeld mehr überwiesen bekommt und in einem relativ gängigen Anstellungsverhältnis gefangen ist, wird man sich in Wien jeden Tag pünktlich um 12:00 Uhr mittags aufs Neue die Frage stellen, wie man seinen Hunger stillen soll, ohne dabei an einem Klumpen Mayonnaise zu ersticken. Für Restaurantbesuche fehlen in der Regel die Zeit und das Geld, und abgesehen von Lokalen mit Namen wie »Hühnerparadies« gibt es ohnehin kaum irgendwo die Möglichkeit, sich für die Nahrungszufuhr hinzusetzen, ohne sich mindestens wie bei einem Highschool-Date aufzuputzen. Also bleiben einem Tag für Tag nur dieselben Supermarkt-Sandwiches, die ausnahmslos mit billigem Pressschinken, einem Blatt Grünzeug und einer abartigen Mischung aus Fett und Ei zusammengestellt sind.

Der ultimative Walk of Shame führt dabei zu einer Filiale von *Der Mann* (dem prototypischsten Pausenbäcker Wiens, der in seinem salzigen Sortiment Dutzende Variationen von unter Brot versteckten Fetten anbietet) oder, noch schlimmer, dem *Backwerk* (wo man aber fairerweise sehr wohl vorbeischauen sollte, wenn man gerade eine Geruchsdiät macht), sowie auf dem Weg vorbei an einem *Anker* (Gerüchten zufolge wurde Marlon Brandos Monolog am Ende von *Apocalypse Now* hier geboren) und gut fünf anderen ähnlichen Ketten, die sich alle darüber auszeichnen, dass sie den Titel Bäckerei nicht verdient haben. Wie viel und was genau hier wirklich gebacken und was nicht einfach nur im Ofen aufgewärmt und mit industriell abgepackten Mengen Fettaufstrich und zwei Streifen Rucola gefüllt wird, fällt vermutlich unter Firmengeheimnis.

Ich will zwar eigentlich nicht wie ein verdammter Bobo aus dem 7. Bezirk klingen (siehe oben), und ja, auch das sind ganz klar First-World-Problems, aber warum es hier keine leistbaren Sandwiches oder Snacks gibt, die nicht dazu führen, dass du mit spätestens 45 an Arterienverfettung stirbst, konnte mir bisher niemand schlüssig erklären. Vor allem, wo es andere Großstädte schon seit Jahren, wenn nicht Jahrzehnten vormachen. Noch unverständlicher ist eigentlich nur, dass Wiener von diesen Einrichtungen immer noch so viel halten, wie sie das den Warteschlangen und knallharten Bäcker-Plädoyers im Ausland oder auf Urlaub nach zu urteilen anscheinend tun.

WEIL »LATTE ART« HIER SCHON DAS AUFREGENDSTE IST

Ja, das steht da wirklich in der Überschrift. Und nein, ich meine das nicht sinnbildlich. Wer in Wien halbwegs regelmäßig ein Kaffeehaus betritt, hat tatsächlich gute Chancen, am Nebentisch auf gelebte Verwunderung zu stoßen, wenn ein Cappuccino mit Herz-Verzierung serviert wird. Man ergötzt sich sogar laut am Milchschaum-Fresco, mmmht, und aaaht, wo es die Zierde zulässt, und trinkt sein Kunstwerk quietschvergnügt (was im Fall von Wienern heißt: schlürfend, mit nur minimal demonstrativem Husten und unter viel, viel leiserem Gesudere als sonst).

Dass »Latte Art« im Rest der Welt seit circa zwei Weltkriegen der Gegenstand von abfälligen Memes ist, tangiert die Wiener nur wenig. Hier weiß man Kakao-Kunst und kaskadeske Kaffeespritzer noch wertzuschätzen. Nicht an und für sich, aber im Vergleich zu allem anderen. Das liegt daran, dass der Wiener die Welt generell nicht absolut, sondern relativ sieht. Das gibt Stabilität, Rückhalt und Sicherheit. Wenn zum Beispiel jemand über Wien lästert, kann man sagen: Im Vergleich zu Linz und Salzburg ist die Stadt eigentlich ziemlich in Ordnung. Oder wenn jemand etwa die FPÖ als rechtsextrem bezeichnet, antwortet man gerne: Im Vergleich zu den rechtsextremen Polen haben wir ja wenigstens noch einen funktionierenden Rechtsstaat. Wenn der Wiener demnach eine Kaffeetasse mit einem Bildnis aus Latte Art auf der Schaumleinwand kredenzt bekommt, denkt er sich: Im Vergleich dazu, wie beschissen ich sonst im Kaffeehaus behandelt werde, ist das eigentlich ziemlich super. Und man kann es ihm nur sehr begrenzt verdenken.

Latte Art ist in Wien mentalitätstechnisch sogar so ein radikaler Einschnitt, dass es hier ernsthaft ein Café mit dem Namen *Latte Art* gibt. Sollte sich noch irgendjemand fragen, ob Gastronomen die nötige Weitsicht haben, um langfristig erfolgreiche Geschäfte aufzubauen, ist hier die Antwort. Das Café *Latte Art* beweist circa dieselbe Weitsicht bei der Namensgestaltung (und auch beim Flair) wie die ehemalige Bar *MMX*, also 2010, die praktischerweise schon ihr eigenes Ablaufdatum im Namen trug und es geschafft hat, den Chic einer leer stehenden Vorstadtruine mitten in die Stadt zu verpflanzen. Übertroffen werden diese Juwelen nur von Unternehmen, die in den 90ern die Endung »2000« an ihre Produktnamen gehängt haben.

WEIL WÜRSTELSTÄNDE VIEL SCHLECHTER SIND ALS IHR RUF

Auch hierfür muss ich mir sicher einiges an passivaggressivem Hass gefallen lassen (indem man mir vielleicht bei der nächsten Wurstbestellung ein bisschen Fingernagel-Grind mitserviert). Trotzdem gemahne ich kurz zu etwas sehr Unwienerischem: nämlich Ehrlichkeit. Und wenn wir ehrlich sind, ist der viel gelobte Würstelstand mit seinen vermeintlichen Delikatessen in den meisten Fällen nichts anderes als ein Festivalklo mit vertauschten Vorzeichen. In 15 Jahren habe ich wahrscheinlich jeden zweiten dieser Essensstände schon mal verkostet und es war – ganz unabhängig von Bezirk, Uhrzeit oder Hungerintensität – eigentlich fast immer schlimm.

Gleichzeitig war es auch fast immer wurscht, weil ich fast immer alles außer nüchtern war; aber die gute Wurst, von der die Wiener behaupten, dass sie an jedem Tresen kredenzt wird, ist genauso ein Mythos wie der Goldtopf am Ende des Regenbogens. Was man stattdessen bekommt ist meistens ein Trog voll mit abgestandenem Frittierfett – und zwar am Ende eines Regenbogens aus verbrannten Bratwürsten, ausgetrockneten Käsekrainern und blassen, mit Wasser vollgesogenen Frankfurtern. Sicher gibt es Ausnahmen, wie etwa den *Bitzinger* oder auch den *Scharfen René*, aber den Würstelstand als Institution wegen der Ausnahmen zu empfehlen wäre in etwa so wie Kobrabisse wegen der paar Leute zu empfehlen, die nicht daran gestorben sind.

66. GRUND

WEIL UNSERE STRASSEN-IMBISSE IN DEN 90ERN STEHEN GEBLIEBEN SIND

Ich kann mich noch gut daran erinnern, als Asia-Boxen erstmals in Wien auftauchten. Das liegt nicht daran, dass ich so alt bin (obwohl es Clubs gibt, deren Publikum mir widersprechen würde), sondern daran, dass Asia-Boxen in Wien erst ungefähr zur zehnjährigen Gedenkfeier von 9/11 eingeführt wurden. Bis dahin waren die handlichen Nudelgerichte aus den kleinen weißen Pappschachteln eher eine Film-Trope, die nur aufmerksame Nerds aus US-Filmen kannten, wo sie als Code für Pärchenabende vor dem Fernseher (und die universale Botschaft »Diese beiden Menschen haben es nicht mehr nötig, auswärts zu essen und für andere Pärchen so zu tun, als hätten sie sich etwas zu erzählen«) eingesetzt wurden. Das klingt so beiläufig dahinerzählt vielleicht nicht so schlimm, aber wie alles andere auf der Welt auch, wird die wahre Tragweite des späten Asia-Box-Aufkommens schon viel deutlicher, wenn man es mit großen Popkulturereignissen seiner Zeit konterkariert. Also: Asia-Boxen gingen in Wien noch als straßenkulinarische Neuheit durch, als auf YouTube Gangnam Style, im restlichen Netz der Tod von Whitney Houston und am Büchermarkt *Fifty Shades of Grey* wütete.

Davor gab es im Wesentlichen genau drei Arten von Imbiss-Essen, zu dem man nach Einbruch der Dunkelheit (also ab der panischen, präapokalyptischen Schließung quasi aller Supermärkte im Stadtgebiet) greifen konnte: Erstens Würstel am Würstelstand (siehe entsprechenden Punkt); zweitens Kebab- und in einigen schicken Biogegenden auch Falafel-Sandwiches; und drittens Pizza-ecken, für die nicht mal Menschen aus dem ehemaligen Osten ihr Begrüßungsgeld ausgegeben hätten. Von einer Entwicklung – auch innerhalb dieses Triptychons des Terror-Tastings – ist heute noch keine Spur. Also, abgesehen von den Asia-Boxen, natürlich. Und weil diese allein mit ihrer bloßen Existenz immer noch Emotionen auslösen, gibt es auch noch kein artikuliertes Bedürfnis danach, über die Qualität der in Fett und Glutamat wabernden Stärkeklumpen zu sprechen. Auch das ist Wien: Wenn eine Sache funktioniert, wird sie ins Endlose kopiert und darauf spekuliert, dass sich der Neuheitswert sowieso nicht allzu schnell (also: nicht in den nächsten zehn Jahren) abnützt. Während man in Berlin der frisch beleg-ten Pizza mit tatsächlichen Zutaten abgesehen von Formschinken, Dosenchampignons und Supermarktsalami förmlich ausweichen muss, hat man in Wien gefälligst noch fünf Jahre dankbar zu sein, dass es Asia-Boxen gibt, bevor auch hier ein einsamer Pizzabäcker seinen *2001: A Space Odyssey*-Moment hat und frische Chorizo auf seinen Teig schneidet. Bis es so weit ist, schmeckt alles hier völlig identisch, was ich mir eigentlich nur über gut etablierte Mafiastruk-turen erklären kann, die sämtliche Buden dazu zwingt, ausschließlich von ihren zertifizierten Partnern zu kaufen.

Wien hat keine Street-Food-Kultur, abgesehen vielleicht von Pop-up-Hipster-Buden, die ihre Burger nur genau deshalb als Eventessen verkaufen können, weil der Rest der Stadt seine Imbisse immer noch herstellt wie Lego-Steine. Wobei, so ganz stimmt das ja nicht. Vergangenen Sommer wurde Wien richtiggehend überschwemmt von Plakaten und Postern für ein groß angelegtes europäisches »Street Food Festival« und konnte sich kurzzeitig die eigene Schulter burgerweich klopfen. Getrübt wurde das Foodie-Event nur davon, dass es nicht etwa in einer alten Markthalle, einem schönen Off-Space oder einem halbwegs okayen Laden mit ansatzweise öffentlicher Anbindung stattfand, sondern in der am Stadtrand gelegenen »Eventpyramide Vösendorf« – was natürlich das Wiener Äquivalent zu einer Afterhour bei einem *DSDS*-Clubbing darstellt, kurz bevor die Deko gegen die Logo-Roll-ups einer großen Versicherung getauscht werden, die tags darauf hier ihr verrücktes Sommer-Get-together feiert.

WEIL WIR WIE IN DEN 1950ERN RAUCHEN

Ich finde Rauchen eigentlich ziemlich toll. Ich bin zwar mittlerweile selbst kein praktizierender Raucher mehr und habe nach zehn Jahren schlagartig von einem Tag auf den anderen aufgehört, weil ich die für mich nötige Dosis von circa einer Schachtel pro Tag gesundheitlich irgendwann nur noch schwer ohne das Aushusten von Lungenflügelfetzen vertragen habe. Aber wenn ich könnte, würde ich immer noch bei jeder Gelegenheit mannigfaltige Zigaretten verrauchen und dabei ununterbrochen Selfies machen. Das hat auch damit zu tun, dass ich glaube, die Rückfallgefahr damit minimieren zu können, indem ich nicht zum militanten Nichtraucher werde, der immer noch gleich viel Kraft und Gedanken auf das Thema Rauchen verwendet wie ein Raucher, nur eben von der anderen Seite, sodass es nur eine Frage der Gelegenheit und des Betrunkenheitsgrads ist, bis die Standhaftigkeit doch wieder ins Gegenteil kippt. Immerhin ist Hass zu nahe an Liebe, und das Einzige, was uns vor Rückfällen bewahrt, ist Gleichgültigkeit mit leichter Nostalgie.

Stattdessen bin ich also immer noch ein Fan. Zumindest über weite Strecken. Ich finde Zigaretten kontemplativ und Raucherinnen sexy und mag Qualm besonders gerne in Schwarz-Weiß. Ich verstehe jeden, der Rauchpausen als Auszeit genießt, und ich rieche sogar nach wie vor gern, wenn Tabak frisch angezündet wird.

Und trotzdem fühle ich mich gegenüber der gesetzlichen Situation in Bezug auf das Rauchen in Wiener Gastronomiebetrieben wie der schlimmste, militanteste, moralapostolischste Ökonazi. Das liegt daran, dass wir auch hier den österreichischen Weg des geringsten Widerstands und der minimalen Veränderung gehen und uns deshalb nicht von einem Tag auf den anderen auf eine Nichtraucherregelung einigen konnten, sondern stattdessen so lange am Kleingedruckten geschraubt haben, bis selbst die in Prinzipienreiterei erprobte österreichische Bürokratie aufgab und wir einen Weder-Fisch-noch-Fleisch-Kompromiss gefunden hatten, bei dem das Rauchen unter einer gewissen Quadratmeterzahl erlaubt und darüber hinaus nur bei abgetrenntem Raucherbereich okay ist. Nach sehr viel gedanklichem Deadlock haben wir also einen Punkt erreicht, an dem Restaurants zur Hälfte immer noch aussehen wie in einer Folge *Columbo* und man mit seiner Hauptspeise immer auch eine gratis Beilage in der Gestalt von dickem Rauch mitserviert bekommt. Der Wiener Status quo ist ein Blick in die Vergangenheit so ziemlich jeder anderen Großstadt (nicht nur, aber eben auch), was das Rauchen betrifft.

Als rund um das Millennium Frankreich und Italien Rauch-
verbote einführten, konnte sich niemand vorstellen, dass sich ausgerechnet die beiden Nationen wirklich konsequent daran halten
würden. Was waren Frankreich und Italien, wenn nicht Karikaturen
von rauchenden Chanson-Sängern und alten, paffenden Neorealis-
ten? Wie ernst sie es meinten, erlebte ich nur drei Monate nach Einführung des neuen Gesetzes in Sabioni, einem winzigen Bergkaff
am Ende einer langen Serpentinenstraße außerhalb von Bologna.
Hier, mitten im Nirgends, wo es nur Hausnummern, aber keine
Straßennamen gab, stand genau eine Bar, von der aus man bis zum
Horizont in jede Richtung nur Felsen und Dunkelheit sehen konnte – und trotzdem erklärte uns die Besitzerin, die selber Raucherin
war, dass wir zum Rauchen rausgehen müssten, für den Fall, dass
doch noch der einzige Streifenwagen der Carabinieri vorbeikommen sollte; ganz einfach deshalb, weil die Strafen so empfindlich
hoch angelegt waren, dass sie andernfalls mit den wenigen Gästen
gleich zusperren konnte.

In Österreich herrscht auch eineinhalb Jahrzehnte später noch
die unentschlossene, biedermeierliche Nichthaltung, man könne ja
»mal schauen« und es würde »sich schon ausgehen«; Hauptsache,
niemand ist böse und keiner probt den Aufstand (und wir wissen alle, dass Raucher fester schlagen und besser treffen als vom
Qualm empfindlich geblendete Rauchgegner). Natürlich sind ge-
trennte Bereiche ein Anfang. Aber wer dabei an gleichberechtigte
Bereiche denkt, hat die Rechnung ohne die passivaggressive Natur
der Wiener gemacht.

Man erkennt nämlich an Set-up und Raumaufteilung in jedem
Lokal sehr gut, für welche der beiden Seiten es Partei ergreift: Und
zwar dadurch, dass wahlweise der Raucher- oder der Nichtraucher-
bereich vom regulären Betrieb komplett entkoppelt und wie eine
Quarantänestation abgekapselt ist, wo es dann leise bis keine Musik
und nur sporadisch Bedienung gibt. Das habt ihr davon, dass ihr
anders seid, sagt einem die stille Kammer zwischen den Zeilen des

Menüs, von dem man mit etwas Glück 15 Minuten später erstmalig etwas bestellen darf.

Derzeit ist eine Gesetzesnovelle zum Rauchen in der Gastronomie für 2018 angekündigt. Der Protest dagegen artikuliert sich bereits jetzt massiv. Weniger im Sinne von ernsthaften Gegenargumenten und mehr so, wie sich Protest bei Teenagern artikuliert, wenn die Eltern sie Zimmer aufräumen schicken. Bis dahin könnten wir unsere Raucherbereiche als Erlebnisgastronomie verkaufen. Immerhin kann man kaum irgendwo anders noch so nah an den 1950ern speisen – und zwar inklusive der authentischen Optik von vergilbtem Film, die bei uns die Mischung aus tabakgebräuntem Inventar und Zigarettennebel erzeugt.

68. GRUND

WEIL DIE WIENER KÜCHE FÜR HOLZFÄLLER GEMACHT IST

Eine Sache, auf die selbst die unpatriotischsten Wiener ein bisschen stolz sind, ist unsere böhmische Küche. Wir haben Schnitzel, Palatschinken, Schweinsbraten und jede erdenkliche Variation der darin enthaltenen Zutaten. Das schmeckt alles sehr lecker und ist ziemlich gehaltvoll. Der Nachteil ist nur, dass eine waschechte Wiener Mahlzeit circa denselben Energiegehalt hat, den eine kleine Mondrakete braucht, um abzuheben. Unsere Küche ist zwar darauf ausgerichtet, diese Tatsache zu verschleiern und die pure Ansammlung von Kalorien wie luftig lockere Appetizer aussehen zu lassen, aber nur, weil wir unsere 900-Kalorien-Mehlspeisen-Bomber mit ornamentiertem, geschrumpftem Oma-Besteck verspeisen, sind sie noch lange keine Kinderportionen. Und nur, weil unsere Schnitzel im Querschnitt oft nicht größer als Kinderhände sind, macht sie das bei vier Zentimetern Dicke zu keinen Vorspeisen.

Die böhmische Küche ist der Sattmacher unter den Appetitanregern. Das hat vermutlich viel damit zu tun, dass sich unsere Küche nur unwesentlich weiterentwickelt hat, seit Nahrung in erster Linie noch dafür da war, die körperliche Arbeit von Bauern und Holzfällern auszugleichen. Anstatt gleich etwas an den Rezepten zu verändern, drapieren wir unsere Fleischknödel, die nicht selten ihr eigenes Gravitationsfeld haben, einfach auf kleinteiliges Porzellangeschirr und reden uns die Kalorien runter. Böhmen war eben nicht die Gegend sonnengegerbter Lebensfreude; und je weiter Richtung Osten man sich bewegt, umso mehr wird Genuss- durch Überlebensküche abgelöst.

»Fingerfood« gibt es bei uns nur als Stelze oder Grillhendl. Was an sich nicht schlecht ist (Stelze und Grillhendl sind sogar so ziemlich das Beste), aber es hat nicht nur die Mägen, sondern auch die Mentalität geformt.

Der Philosoph Slavoj Žižek erklärt die Zweigleisigkeit des Westens einmal am Beispiel eines Abführmittels mit Schokoladengeschmack; das für ihn vor allem deshalb so paradox ist, weil Schokolade verstopfend wirkt und damit einer der Gründe ist, warum man in erster Linie zu Abführmitteln greifen muss. Aber wir wollen eben alles gleichzeitig und in einem: Genuss und Gegenmittel, Medizin und Munchies. Übertragen auf die böhmische Küche könnte man sagen: Wir verabreichen uns gleichzeitig die Fettexplosion im Mund und die Arterienverstopfung in der Brust. Wenn wir essen, dann tun wir das, um zu genießen und gleichzeitig ein bisschen zu leiden. Wir schwitzen beim Verdauen und arbeiten neben der Wampe auch am Töpfern unseres schlechten Gewissens. Exemplifiziert wird diese Einstellung am besten durch eine Speise, die die Wiener vermutlich nur erfunden haben, um diesem kaputten Konzept ein Denkmal zu setzen: die Sachertorte. Dieser Block von einem Dessert ist schwergewichtig wie Astronautennahrung, schwarz wie die Wiener Seele, schweineteuer, wie es sich für Touristenabzocke gehört, auf die auch wir selbst hereinfallen.

Weil wir gute, verfressene Katholiken sind, die sich nachher auch ein bisschen ärgern wollen.

WEIL DIE DROGEN EINFACH DAS LETZTE SIND

Wie man sich als Leser dieses Buches bei einem Punkt namens »Die Drogen« vielleicht denken kann, gibt es nicht sonderlich viel Gutes über die Versorgungssituation oder die Qualität vor Ort zu berichten. Das weiß ich selbstverständlich nicht aus eigener Erfahrung, sondern weil ich meiner journalistischen Sorgfaltspflicht nachgegangen bin und keine Ecke, keinen Schandfleck dieser Stadt unerforscht und unhinterfragt gelassen habe. Also: Wien ist nicht die beste Stadt, um an Drogen zu kommen. Und wenn man es einmal geschafft hat, ist es nicht die beste Stadt, um Drogen zu nehmen. Und selbst, wenn man es unbehelligt geschafft haben sollte, Drogen zu nehmen, ist es immer noch nicht die beste Stadt, um auf Drogen zu sein. Überhaupt tendiere ich dazu, meinen inneren Schwarzenegger zu channeln und jedem, der das hier liest, von Drogen abzuraten, die nicht als legale Rauschmittel klassifiziert sind.

Natürlich begegnen einem da und dort ein paar Typen, die einem Gras anbieten, und besonders am Gumpendorfer Gürtel trifft man haufenweise erholungssuchende Heroinsüchtige. Abgesehen von der Gefahr, Oregano zu kaufen oder den wandelnden Warnschildern des menschlichen Untergangs zu begegnen, haben Drogen auch keine besondere Kultur und vor allem keine besondere Qualität in dieser Stadt. Das heißt nicht, dass die Clubs in dieser Stadt speziell anders als überall sonst sind, oder dass die Menschen hier um halb fünf bei Partys, die als Vernissagen begonnen haben, nicht versuchen, sich gegenseitig in den Mund zu kacken. Aber abgesehen von den wirklich schweren und sehr vereinzelten Abstürzlern gibt es keinen Heroin-Chic und keine Szene-Attitüde, die sich ausschließlich um Drogen herum entwickelt hat. Gelegentlich gibt es Ketamin, noch viel seltener gibt es gutes Koks, und meistens bleibt einem gefühlt nur die Wahl zwischen zerriebenem Aspirin und Pferde-Entwurmungsmittel.

Ab und an feiern Poppers ein kurzes Revival, was aber mehr damit zusammenhängt, dass es jemand gezielt auf eine Beschaffungsgeschichte in einer der obskureren Schwulenbars anlegt, die man anschließend – an der Stelle von guten Drogen – über die nächsten Monate unter die Leute mischen kann.

70. GRUND

WEIL DER KAFFEEHAUS-KAFFEE
IN WAHRHEIT MINDERWERTIG IST

Jetzt, wo wir die Kaffeehäuser aus dem Weg geräumt und die Oberkellner für ihren Grant abgestraft haben, können wir es ja sagen: Der Kaffee selbst ist auch nicht der beste und hat den kaskadesk um ihn herum aufgebauten Snobbismus nicht mal verdient.

Und ich will jetzt nichts über die Kaffeekarte hören, die im Wiener Kaffeehaus meistens länger ist als eine EU-Verordnung. Ja, es gibt viele Sorten. Aber genau wie bei unserer pathologischen Obsession mit dem heimischen Bier gilt auch hier: Wenn man der Einzige ist, der sich so viel drauf einbildet, sollte man sich fragen, ob man noch Feinschmecker oder schon Neurotiker ist.

Dass jedem Mischungsverhältnis von Kaffee, Schlagsahne und Milch ein eigener Name gewidmet wurde, zeugt zwar von viel Liebe zum Detail, ist aber trotzdem nichts weiter als eine weitere Möglichkeit, um vermeintlich Nichteingeweihte zu identifizieren und sich über ihre fehlende Expertise lustig zu machen. Dabei geht es, trotz aller Aufspaltung in Einspänner, Melange, Cappuccino und kleinen Braunen, nach wie vor um nichts anderes als geröstete und mit Wasser aufgekochte Bohnen.

Und vor allem sagt nichts von all der Beschreibungswut auch nur das Geringste über die Qualität des Beschriebenen aus. Wie auch der selbstbekennende *Biorama*-Bobo Thomas Weber schreibt, gibt es längst keinen guten Grund mehr, für den Wiener Kaffee ins Wiener Kaffeehaus zu gehen. Abgesehen von prolongierter Eigen-Image-Herrlichkeit hat sich in Wiens alten Einrichtungen nämlich nie eine echte Barista-Kultur entwickelt. Für mehr Information zu Kaffee-Anlaufstellen abseits der ausgetretenen Disney-Cafés sei daher auch an den Letztgenannten verwiesen; in einem Hass-Buch ist dafür leider kein Platz.

VII.

MENSCHLICHE AUFFÄLLIGKEITEN

WEIL SICH DIE VERKÄUFER BESSER VORKOMMEN ALS IHRE KUNDEN

Wien ist so versnobt, dass sogar seine Dienstleister glauben, sie wären besser als ihre Kunden. Wer es wagt, eine Boutique im 1. Bezirk ohne Maßanzug oder unter der magischen 50-Jahres-Grenze zu betreten, sollte sich auf Musterungsblicke wie aus *Real Housewives* einstellen und auch nicht wundern, wenn das Einzige, was ansatzweise einem Verkaufsgespräch nahekommt, ein naserümpfendes »Grüß Gott« ist, das zwischen den angewidert lang gezogenen Buchstaben eher »Ich dachte nur kurz, Sie hätten menschlichen Stuhl im Gesicht kleben, mein Fehler« bedeutet. Irgendwo auf dem Weg zur Servicementalität ist der Dienstleistungssektor in Wien zur Modeschau der Attitüden verkommen.

Während in New York der viel zitierte Juwelenkauf im Jogginganzug eine reale Option ist, muss man sich in Wien erst mal seinen besten Schmuck anlegen, um überhaupt in die Nähe der Vitrine zu kommen. Dasselbe gilt für so ziemlich jede Art von Ware oder Dienstleistung, die über Wassereis oder Taxifahren hinausgeht – wobei die Prätention wie immer direkt proportional zur Nähe zum Stadtzentrum ist. Aber so lächerlich das Phänomen auch ist, so ernst ist seine Ursache. Im Grunde ist Wien immer noch nicht ganz den strengen Hierarchien aus der Kaiserzeit entwachsen; und nur, wenn es keine Monarchie oder Stände mehr gibt, definiert man sich deshalb noch lange nicht über Gemeinsamkeiten, sondern nach wie vor über Ausschlussmechanismen gegenüber den potenziell Niedrigergestellten. Klassenunterschiede werden selten überwunden und umso häufiger ausgestellt. »Vom Würstelbrater zum Millionär« ist eben nicht der österreichische Traum, sondern viel eher ein Märchen, das man belächelt, während man seine Energie lieber darin investiert, sich jemanden zu suchen, den man mit einem säuerlichen, musternden »Grüß Gott« ans Fußende der eigenen flachen Welt drücken kann. *Der Untertan* von Heinrich Mann ist hier alive and kicking.

WEIL ROLAND DÜRINGER UND DAS WUTBÜRGERTUM HIER IHRE HEIMAT HABEN

Dass unser Kabarett zu viel Ruhm bekommt, habe ich schon vorher erwähnt. Auf eine etwas andere, noch unfreiwilligere (und deshalb auch österreichischere) Art lustig als das österreichische Kabarett ist mittlerweile auch der Ex-Kabarettist Roland Düringer, der seinen Verstand irgendwann im letzten Jahrzehnt gegen Perleneinsätze in seinem Kinnbart getauscht hat und seither der prominenteste Proponent der Chemtrails-Fraktion in der österreichischen Öffentlichkeit geworden ist. Begonnen haben dürfte die Metamorphose mit Düringers Brandrede in der Sendung *Dorfers Donnerstalk*, mit der er in etwa zur Zeit der Pegida-Formierung in nur dreieinhalb Minuten das österreichische »Wutbürgertum« aus dem Boden stampfte (von wo es sich dann auch nicht sonderlich weit erhob und gemeinsam mit Düringers fachlichem Flatlining zwischen Weltwirtschaftskritik, Lügenpresse und KenFM-Apologie herum grundelte). Kafka hätte die Verwandlung vielleicht so beschrieben: »Als Roland Düringer eines Morgens aus einer unpolitischen Karriere erwachte, fand er sich in einer TV-Sendung zu einem ungeheuren Wutbürger verwandelt.«

Denn es war, wie so oft bei Veränderungen, ein Umschwung ins radikale Gegenteil. Zuvor war Düringer nämlich als Haus-und-Hof-Prolet der Wiener Kabarettisten-Riege bekannt. Seine Programme hießen »Benzinbrüder«, »250 ccm/Die Viertelliterklasse«, »Hinterholzacht« und »Superbolic« und kreisten um so apolitische Themen wie Autos, Motorräder oder Hausbau-Wahnsinn – immer mit dem nötigen distanziert-österreichischen Twist, der offen ließ, ob er das, was er spielte, auch wirklich verkörperte oder nicht vielleicht doch nur einen klugen Gesellschaftskommentar auf die porträtierte Klasse abgab. In der Serie *Kaisermühlen Blues* legte er mit der Rolle des »Joschi« Täubler einen Hochstapler und Ex-Knasti hin, über den man nur lachen wollte, weil Düringer so liebevoll nah an der Figur dran war und man so den Vorwurf des Sozialpornografischen ein bisschen abstreifen konnte.

Dass Düringer vom Belächelten zum, naja, noch mehr Belächelten wurde, ist aber gar nicht so lustig, sondern steht eher exemplarisch für die Metamorphose vieler, die ausgerechnet aus dem Gefühl heraus, verarscht worden zu sein, den nächsten Verarschern ins Netz gehen, die mit mindestens genauso einfachen Antworten und Welterklärungsmodellen locken, wie man es dem kapitalistischen Konsumsystem mit seiner gefügigen Lügenpresse gerne unterstellt. Es ist ein Paradebeispiel dafür, was passiert, wenn man zu viele Fragen hat und sich mit zu wenigen Antworten zufrieden gibt.

Wer an allem zweifelt, was die großen Systemmedien veröffentlichen, aber kein bisschen skeptisch wird, wenn ein einzelner Blogger die Wahrheit ohne Quellenangaben für sich beansprucht, der geht nur den halben Weg zum aufgeklärten Bürger – und lässt sich die restliche Strecke von Mama oder Ken Jebsen an einen Zielort fahren, den man sich, wie jedes Kind, nicht wirklich bewusst aussucht. Im Extremfall bleibt man dort dann sogar als Erwachsener wohnen und wird selbst zu einem dieser Blogger, die andere (mit den besten Absichten, aber nicht den saubersten Methoden) von den eigenen Ansichten überzeugen, indem man die Dinge glättet, Zusammenhänge vereinfacht und mit parawissenschaftlichen Einsprengseln (sei es aus dem Feld Psychologie, Wirtschaft oder, sehr beliebt, Quantenphysik) durchsetzt.

Zumindest physisch wohnt Roland Düringer nicht mehr im Hotel Mama. Er lebt vielmehr als Selbstversorger – und wer seine etwas mäandernden Videos und Pegida-Befürwortungen kennt, möchte vielleicht meinen: auch geistig. Inzwischen hat Düringer für seine total »edgy« Weltsicht jedenfalls auch eine Fernsehsendung bekommen, in der er Leute auf ihre Aluhut-Kompatibilität testet. Was die geneigten Wutbürgertums-Fans dabei nicht vergessen sollten: Auch Wutbürgertum ist immer noch Bürgertum und Fans ein bisschen artverwandt mit Fanatiker.

73. GRUND

WEIL RICHARD LUGNER HIER EIN PROMI IST

Was mich gleich zum nächsten Punkt bringt. Diejenigen, die ihn noch nicht kennen, sollten sich glücklich schätzen. Weil ich als waschechter Österreicher aber das Glück der anderen nur schwer unbefleckt lassen kann, hier eine kurze Erklärung, wer oder was Richard Lugner ist: Richard Lugner ist Donald Trump für Menschen, die statt Steak lieber Leberkäse essen. Er ist Baumeister und Unternehmer, lädt jedes Jahr ein paar Stars zum Wiener Opernball ein, wo diese dann eingekesselt von Paparazzi viele Stunden Zeit haben, um in Lugners Loge über ihr Leben und ihren Agenten nachzudenken, und er besitzt ein eigenes Einkaufszentrum, das er gegenüber einem seiner Ballgäste als den Rodeo Drive von Österreich bezeichnet hat, obwohl es eigentlich mehr das Kaufland von Wien-Rudolfsheim ist.

2016 kandidierte er außerdem für das Amt des Bundespräsidenten und bescherte uns damit die höchste Dosis Austro-Authentizität bei einem Präsidentschaftskandidaten seit 1998 – als Lugner nämlich zum ersten Mal für das Amt angetreten ist. Damals hieß seine Frau Mausi, heute heißt sie Spatzi, und dazwischen gab es noch Katzi und Bambi, aber abgesehen von wechselnden Tierkosenamen hat sich nicht viel geändert. Die große Konstante: Über all diese Zeit hinweg war Lugner durchgehend der Star seiner eigenen Reality-Soap – selbst dann, wenn die Sendung gerade nirgends lief. Angetrieben wurde das Ganze immer von der gleichen tiefsitzenden Fremdscham bei uns Zuschauern. Man sieht Lugner stolpern, stottern, schlechte Witze machen und dabei seiner jeweiligen Lebensgefährtin ein Potpourri an Peinlichkeiten kredenzen. Man sieht, wie seine Umwelt an ihm zerbricht und es dem Baumeister wahlweise nicht auffällt oder im Angesicht der nächsten Kameraposition einfach zu egal ist. Aber irgendwie gehört das alles auch dazu, weil Lugner das alles tut, damit wir es nicht tun müssen. Ich will nicht sagen, Lugner ist Wiens Jesus. Drum sage ich stattdessen, Lugner ist wie eine Wiener Altbauwohnung: Er bröckelt, er verliert nach und nach seine Form, und ja, in den überhohen, hallenden Räumen kann es manchmal ziemlich leer wirken. Aber das alles gibt uns irgendwie auch ein wohliges Gefühl, weil Altbauten eben zu Wien gehören – und weil wir gelernt haben, ihre offenliegenden Risse und Spalten schön zu finden und es wertzuschätzen, wenn jemand ohne (rhetorische) Spachtelmasse auskommt.

Kurz, Lugner ist das tränenäugige Gesicht des ungeschönten Österreich mit all seinen düsteren Eigenschaften: Unprofessionalität, Sprachschwierigkeiten, Jähzorn, geistiger Milde und genügend Bauch, um eine Tour durch die Hofburg von einem Ende zum anderen ganz ohne Nahrungszufuhr zu überstehen. Trotzdem: Dass Lugner so ungeniert im Fernsehen ausgestellt und als Hofnarr wider sein eigenes Wissen vorgeführt wird, zeugt von der sozialpornografischen Schamlosigkeit der Wiener und sollte von Amnesty International untersucht werden.

WEIL SELBST DIE PROMIS HIER PROVINZIELL SIND

Vielleicht liegt es daran, dass Österreich einfach nicht die kritische Größe für echte Stars erreicht hat, aber das, was hier gern als Berühmtheiten vorgeführt wird, sind in Wahrheit bestenfalls Beisl-Bekannte und B-Prominente, die auf dieselbe Art »berühmt« sind wie der eine Typ in der Klasse über uns, den wir auf dem Schulhof fast schon pathologisch genau beobachtet haben, weil wir ihn entweder simulieren oder ausmerzen wollten und dessen Name sich in unserem kleinen schulischen Universum irgendwann zu einer so gravitätischen Größe aufgeblasen hat, dass wir seither jedes Mal zusammenzucken, wenn er uns irgendwo unterkommt, obwohl es dafür beim besten Willen absolut keinen nachvollziehbaren Grund gibt.

Niemand muss es zugeben, aber jeder hatte mindestens einen solchen Menschen in seinem Leben. Menschen, die in einer abgesteckten Welt unglaublich wichtig erschienen sind, weil sie selbst sehr viel Wert darauf legten, unglaublich wichtig zu erscheinen, und wir irgendwann genau wie sie auf ihren eigenen Hype hereingefallen sind: Die Schöne vom Schulhof, die an den Rauchern vorbeistolzierte, als wäre es Anna Wintours Entourage in der ersten Reihe der Paris Fashion-Week-Schauen, oder der Skater, den ihr euch gerne selbst vorstellen dürft, weil meine Fantasie nicht reicht, um mehr als das eine Beispiel zu bringen, das mich in meiner Schulzeit tatsächlich beschäftigt hat, sorry (heute ist sie mit einem von Österreichs bekanntesten Schlagersängern liiert und fällt daher in die »Darüber macht man keine Witze«-Kategorie).

Worauf ich hinauswill, ist, dass Wien voll mit genau dieser Art von Selbstdarstellern ist, die sich genau so lange in den Society-Glossen halten können, wie niemand die Frage wagt, woher genau man sie eigentlich warum genau kennen sollte und wer sie dorthin gebracht hat. Sie saugen sich mit operierten Lippen an die Kamera-objektive, lachen sich hysterisch in unsere Albträume und tauchen immer wieder ungefragt überall auf wie Facebook-Erinnerungen am oberen Ende unserer Timeline (»Sieh mich an! Bitte, sieh mich an!!«). Sicher, It-Girls und -Boys gibt es auch in anderen Städten. Der Unterschied ist nur, dass es hier kaum eine andere Art von Berühmtheiten gibt.

In Wien sind alle Prominenten irgendwie It-People, weil jeder, der tatsächlich ein bisschen Talent hat, einen großen Bogen um diese Meute – wenn nicht sogar um die ganze Stadt – macht. Hinzu kommt noch, dass die meisten davon wirken, als wären sie in einer Unterführung eingesammelt und zum ersten Mal in ihrem Leben in Schuhe ohne Klettverschlüsse gesteckt worden. Diese Unbedarft-heit könnte vielleicht charmant sein, wenn sie mit einem gewissen Selbstbewusstsein Hand in Hand gehen würde; stattdessen klatscht sich der Society-Wiener Gel ins Haar und trägt irgendwas mit Swarovski am Revers. Das Einzige, was sich über die Jahre ändert, ist ihre Fähigkeit, den Mund beim Denken zu schließen und sich einfach von der Abendgarderobe tragen zu lassen statt umgekehrt.

Manchmal habe ich auch Mitleid mit ihnen. Es ist immer dann, wenn ich versehentlich wieder eine Sendung namens *Seiten-blicke* sehe, in der die hohlen Bojen vor die Kamera geschwemmt werden, ohne jede Chance, kurz mal unterzutauchen, mit dieser Bestie »namens System« im Nacken. Aber dann denke ich wie-der an die Schulhofschönheit von damals und ihren Werdegang und ihren furchtbaren Schlagerfreund und an jede Hollywood-Verwandlungskomödie und jede Froschköniggeschichte und an Bret Easton Ellis und an all die nasenbohrenden Promis, die ich schon in billigen Shisha-Bars kotzen und wildfremde Menschen anpöbeln gesehen habe, und verliere zum Glück ziemlich konse-quent den Faden.

WEIL HIER JEDER EIN BISSCHEN FALCO IST

Keine Frage, Falco ist ein Phänomen. Er war unser wieneigener Klaus Kinski, vielleicht mit ein bisschen weniger Tiefgang und mehr Refrain als Rimbaud im Kopf, aber auf dieselbe Art exaltiert, großspurig und überheblich – und damit genau die Art von Superstar, die eine Stadt voller Minderwertigkeitskomplexe braucht. Da tut es auch wenig zur Sache, ob man jetzt mit seiner Diskografie endlos viel anfangen kann; genauso wie es in der Kinski-Rezeption ziemlich egal war, ob man als durchschnittlicher Filmversteher *Aguierre, der Zorn Gottes* oder *Fitzcarraldo* wirklich ohne Vorspulen oder Hirnblutung durchgehalten hat.

Bei Falco geht es mehr um die gravitätische Gestalt, in deren Windschatten der Wiener sich gerne zu einem gefahrlosen Höhenflug des geborgten Selbstbewusstseins mitnehmen lässt. Für viele Wiener ist Falco immer noch ihr Kokain – oder im Fall von echten Falco-Fans, für die immer noch Kokain ihr Kokain ist, zumindest ihr Speed. Dafür braucht man ihn nicht mal explizit zu hören; er ist längst in unser »Wiener Blut« übergegangen. Genau wie Kokain wirkt Falco auf uns aufputschend, Ego-übersteigernd und wird vor allem in den Klopausen heraufbeschworen, die wir uns gönnen, wenn das Selbstbewusstsein gerade wieder ein bisschen am Boden dahinschleift.

Wie das nun mal so ist mit Minderwertigkeitskomplexlern, ist die Selbstüberschätzung immer nur einen 80er-Popsong entfernt. Mit einem solchen, nämlich *Rock Me Amadeus*, landete Falco auch seinen größten Hit: Der Song ist bis heute die erfolgreichste österreichische und generell deutschsprachige Nummer in den USA, wo er als Einziger eine Nummer-1-Platzierung in den Billboard-Charts geschafft hat. Bezeichnenderweise wird der Impact in Übersee nicht unwesentlich mit einem interkulturellen Übersetzungsfehler erklärt: In Amerika (bei dem sich Falco auch noch mit ein paar anderen Songs wie *Vienna Calling* und, noch weniger subtil, *America* beliebt machen wollte) ging man fälschlicherweise davon aus, dass *Rock Me Amadeus* in Österreich ein kleiner Skandal gewesen sein musste. Immerhin war es ein Song – und vor allem ein Video – über Wolfgang Amadeus Mozart als »Punker in der großen Stadt« mit bunten Haaren, nihilistischen Rockstarallüren und extra viel Gönnung. In Wahrheit hat in Österreich niemand genau genug hingesehen oder -gehört, um so etwas wie die Dekonstruktion eines Heldenmythos oder die Thug-Life-ifizierung einer Ikone hineinzudeuten. Wir waren einfach nur froh, endlich mal einen Refrain zu haben, bei dem wir auch mitsingen konnten: »Amadeus, Amadeus, A-ma-deus. Amadeus, Amadeus. Oh, oh, oh, Amadeus. Come and rock me Amadeus.«

Es war ein bisschen, wie wenn ein Junge auf dem Schulhof plötzlich bei den wilden Kids beliebt wurde, weil jeder dachte, er hätte den Klassenlehrer aufs Übelste verarscht, obwohl er ihm in Wahrheit nur brav die Hausübung vorgelesen hatte. Unnötig zu sagen ist das die Art von Skandal, die wir in Wien am liebsten mögen: einer, der eigentlich keiner ist und uns trotzdem Fame bringt.

Denselben Fame versuchen wir noch heute anzuzapfen, wenn wir uns (wieder einmal) an die historische Bedeutsamkeit unserer (Pop)Kultur erinnern und versuchen, unseren inneren Falco zu channeln. Und das Channeling nimmt kein Ende. Erst in den letzten Jahren sind eine Reihe neuer Falcos aus dem modrigen Wiener Erdreich gewuchert und als Wiedergeher mit Namen wie Wanda und Bilderbuch über die Musik- und Medienlandschaft hereingefallen.

Während Bilderbuch den exaltierten, manischen Falco feiern (und dabei ironischerweise trotz ihres Namens für jemanden, der demografisch aus ihrer Konzert-Zielgruppe der 14- bis 16-jährigen Erregungsteens herausragt, nur schwer anzuschauen sind), verkörpern Wanda die renitente »Rock Me Amadeus«-Seite des

Stars: Sie zelebrieren sehr falcoesk die Attitüde des Lieber-Nicht-Wollen-Würdens und erinnern in Interviews ein bisschen an den gar nicht so geglückten Falco-Auftritt in der *NDR Talkshow*, wo der Charmeur sich durch breit angelegtes Bullshitten und einigen mehr als leicht chauvinistischen Sagern gegenüber der weiblichen Moderatorin – wie »Schatzi, zu uns später« oder »Ich kann auch Mausi sagen, wenn du willst« – hervortat (ganz zu schweigen davon, dass der Wiener Falco im Gespräch den Rechtspolitiker Jörg Haider mit dem TV-Moderator Alfons Haider verwechselt). Wanda zelebrieren Gleichgültigkeit, Erhabenheit und Überheblichkeit; sie sind das leise Schnauben eines am Establishment vorbeirotzenden Understatements. Was Marco Wanda sagt, meint er nicht so. Und überhaupt wären sie ständig lieber woanders und eigentlich viel weniger berühmt. Genau wie Elfriede Jelinek den Literaturnobelpreis nehmen auch sie die Bürde aber doch widerwillig an und lassen sich halt (unter gefühlten »Ach!«, »Jo mei« und »Pfui Teifl«-Ächzern) durchs Fernsehen und von Interview zu Interview schleifen. Weil eben auch das Widerwillige zum Wienerischen gehört. Und weil man in Wien nicht von der Bühne gebuht wird, wenn man sich präpotent über seine eigene Berühmtheit beschwert, sondern die vielen kleinen Falcos ihren nächsten Windschatten wittern. Dass Marco Wanda dabei eine gute Figur macht, ist keine Frage. Sein sozialromantischer Look aus lichtem Fetthaar und speckiger Lederjacke konterkariert das Falco-Flair zu einem eh okayen Schmäh. Aber es hinterlässt auch die Gewissheit, dass das Einzige, was ich von Wanda sehen will, ein Bilderbuch ist.

Ja, Falco ist immer noch ein Phänomen. Aber das ist El Niño auch. Zeit, ihn in den Wetterbericht von gestern zu verbannen und endlich an einem Selbstwert zu arbeiten, der ohne Präpotenz und Chauvinismus (und vielleicht sogar ohne Koks) auskommt.

WEIL UNSERE TV-COMEDY
UNENDLICH PEINLICH IST

Auch wenn wir es nicht wahrhaben wollen, gibt es natürlich auch bei uns sehr wohl typische Comedy-Formate. Denn solange sie unlustig und unprofessionell genug gemacht sind und der Humor nicht besser ist als wir, können wir ihn als das akzeptieren, was er nun mal ist: idiotisches Hintergrund(kammer)flimmern, das uns ein Gefühl der Erhabenheit gibt, weil wir davorsitzen und aus voller Überzeugung sagen können: »So ein Blödsinn, wer denkt sich bitte so was aus, alle deppat.«

Zu dieser Gattung gehören auch TV-Formate wie *Was gibt es Neues* – der immer noch laufende Austro-Abklatsch von *Genial daneben*, bei dem die Ratenden nicht mal so tun, als würden sie wirklich versuchen, auf die Antwort zu kommen, und für jede klamaukige Einlage vom Moderator mit einem Pawlow'schen Leckerli belohnt werden. Vielleicht sollte man auch erwähnen, dass Moderator Oliver Baier, der laut seiner Wikipedia-Seite an Alopecia areata, einem lokal begrenzten, kreisrunden Haarausfall, leidet und auch sonst eher unspannend ist, bei jedem halblustigen Satz seiner Gäste unglaublich viel vorlacht, damit das Publikum es ihm nachmacht, und dabei stark an Bill Gates bei der Windows-Präsentation erinnert, bei der das Betriebssystem vor versammelter Presse abstürzte. Es ist das wahrscheinlich degradierendste Unterhaltungsformat des deutschen Sprachraums, weit vor dem *Dschungelcamp* oder *Markus Lanz*.

Ganz ähnlich verhält es sich mit *Wir sind Kaiser* – einer Show, die auf der unglaublich lustigen Idee basiert, dass Österreich endlich wieder einen Monarchen hat, der Prominente zur Audienz antanzen lässt und mit gescripteten Gags beglückt, die in etwa so flexibel auf spontane Antworten der Gäste reagieren wie ein Mieder auf einen unerwarteten Windstoß. Die Sendung ist wohlgemerkt kein Sci-Fi-Format, in dem sich verschiedene Quantenrealitäten überlappen und das demokratische Österreich im Rahmen eines, sagen wir, Zeitreise-Experiments auf ein monarchistisches trifft, sondern eine ganz normale Mock-Talkshow, die in einem Prunksaal vor Live-Publikum aufgezeichnet wird und bei allem Augenzwinkern genau das tut, was sie angeblich kritisiert: nämlich den Eitlen eine Plattform geben und dabei immer schön nach unten treten. Als Wiener, der das nasale Royale gewohnt und der pompösen Überheblichkeit gegenüber völlig betriebsblind ist, muss man sich die Prämisse der Sendung schon sehr genau ansehen, um zu bemerken, wo hier der Hund mitsamt seinem Herrchen begraben ist: Denn während sich Satire sonst gegen die Mächtigen richtet, ist *Wir sind Kaiser* das ultimative Unterwürfigkeits-Fernsehen, bei dem wir den (fiktiven, schon klar, aber dennoch angehimmelten und mit einer eigenen Hymne bedachten) Kaiser die Rolle des Satirikers übernehmen und ihn von oben – von der höchsten, obersten Position, die wir als ehemaliges Kaiserreich kennen – auf semiprominente Besucher hintreten lassen. Das ist vielleicht ein bisschen zu viel Analyse. Zumindest für Leute, die nicht gerne darüber nachdenken, aus welcher Richtung getreten wird. Aber es ist eben nicht nur schlechter Humor, sondern auch Verarsche, die gefügig macht. Und das auch noch garniert mit schauspielerischen Leistungen, die vermutlich absichtlich, aber eben trotzdem an Peter Steiners *Theaterstadl* erinnern.

Schlechter bedient wird man in Wien nur im Kaffeehaus (mehr dazu unter dem Punkt Kaffeehaus-Kultur). Zumindest insofern ist das Niveau irgendwie konsequent.

WEIL DIE LOKALE JUGEND
DIE LANGWEILIGSTE DER WELT IST

Eigentlich wollte ich hier ja nichts Kulturpessimistisches schreiben. Das klingt für ein Hassbuch vielleicht ungewöhnlich, aber die grundlegende Botschaft sollte sich nicht gegen die Welt, sondern nur gegen Wien richten; und auch das nur zum Zweck therapeutischer Reinigung und verbesserter Selbsterkenntnis (also für die Stadt, nicht für mich). Ich bin auch nicht der Meinung, dass die heutige Jugend aus »angepassten Arschlöchern« besteht, wie manche Jugendforscher behaupten, die damit eigentlich sagen wollen »Was waren wir bloß für wilde Typen, wir haben damals ja noch Adorno gelesen« und »Ihr glaubt gar nicht, was wir verrückten Freigeister alles erlebt haben, während wir für euren Wohlstand gekämpft haben (und wehe ihr genießt ihn)«. Ich glaube auch nicht, dass die Menschheit durch jedes neue Medium ein bisschen mehr verdummt, weil sich jede Generation weniger merken muss als die letzte, wie ein gewisser Philosoph das tut – vor allem deshalb nicht, weil der Philosoph Plato heißt und das Medium, über das er schon damals seinen Rant abließ, die Schrift war. Ich wollte auf keinen Fall wie Plato sein (zumindest nicht, was die Medien angeht) und schon gar nicht wie ein Jugendforscher.

Aber dann kam der österreichische Jugend-Trendmonitor von Marketagent. Und jetzt haben wir den Salat. Von den insgesamt 1.763 österreichischen Befragten im Alter von 14 bis 29 geben nämlich ganze 70 Prozent als Lieblingsgetränk Leitungswasser an. Nicht Kaffee (Platz 2) oder Bongwasser (nicht erhoben), sondern das einzige Getränk, das noch weniger Charakter hat als ein Teleshopping-Verkäufer für Wäschefaltsysteme. Außerdem beginnen die meisten Jugendlichen ihren Tag um 6:30 Uhr und am Wochenende sogar um freche drei Stunden später. Würde man die lokale Jugend nur auf Basis dieser Erhebung kennenlernen, könnte man glauben, sie lebt in der Welt von *Mad Max*, wo Wasser der neue Whisky ist und man geköpft wird, wenn man die Stechuhr um mehr als zwei Minuten verpasst. Noch trauriger ist nur, dass ihre Enkel bei dieser Einstellung gegenüber Spaß vermutlich wirklich in genau dieser Welt leben werden. Meine einzige Hoffnung ist, dass die Befragten sich in einer Facebookgruppe abgesprochen und die Studie gemeinsam getrollt haben. Und damit mich niemand falsch versteht: Ich fordere nicht die Rückführung des Bingewatchings ins Komasaufen oder verwechsle Drogen mit Spaß. Ich habe einfach nur Angst vor einer Generation aus Wasser-Sommeliers. *Kinder des Zorns* wäre nichts dagegen.

WEIL SELBST DIE TOURISTEN KLISCHEES SIND

Es gibt drei gleichwertig furchtbare Touristengattungen in Wien. Die einen sind japanische Millionäre, die für ihren Besuch das Gehalt aus zwei Selbstmordjobs brauchen und mit ihrer lächerlich gut angezogenen Familie nach Österreich kommen, weil sie Riesen-Fans von klassischer Musik und Pferden sind. Nicht selten haben sie eine Tochter, die Violine in Wien studiert (meistens bereits vor, aber sonst spätestens nach ihrem Urlaub) und wünschen sich, sie hätten im 19. Jahrhundert gelebt. Gleichzeitig sind sie uns aber um Jahrzehnte voraus, wenn sie wie Industriespione Fotos von jedem Haus, jedem Auto, jeder Sehenswürdigkeit, jedem Scharnier und jedem Schaufenster machen. Sie lassen sich in jede Show zerren, von jedem Abzocker beglücken, machen jede Touristenführung mit und unterstreichen jedes bemerkenswerte Vorkommnis, wie etwa gekippte Fenster, mit einem lautmalerisch devoten »Oooooh«. Als Einheimischer kennt man diese Gattung vor allem, weil sie es in

Gruppen von über zehn Personen schaffen, selbst Fußgängerpromenaden wie die Kärntner Straße für Passanten zu blockieren, und sich wie feinmotorisch unterbegabte Riesenbabys darauf verlassen, dass jemand, der nicht sie selbst sind, die Gruppe früher oder später zusammentrommeln und in irgendeine Opern- oder Theatervorführung stecken wird.

Die zweite Gattung sind Amerikaner, die gerade *Before Sunrise* (wahrscheinlich sogar nach *Before Midnight*) gesehen haben und die einmal in ihrem jungen, aber Vanitas-geplagten College-Leben hautnah die Magie dieser vibrierenden, alt-europäischen Wiener Nacht erleben wollen. Und weil sie aus einer gewissen vernünftigen Habtachthaltung gegenüber Hollywood heraus davon ausgehen, dass man es selbst unmöglich besser machen kann, als es im Film bereits vorgezeigt wurde, wollen sie ihre Ethan-Hawke-und-Julie-Delpy-Experience so nah wie möglich am fiktiven Original auslegen, was bedeutet, dass sie versuchen werden, auf Friedhöfen abzuhängen, verkopfte Gespräche vor malerischen Kathedralen zu führen, Sex mit unkomplizierten französischen Mädchen zu haben und von großwarzigen Wahrsagerinnen bedeutungsschwangere Zukunftsprognosen zu bekommen. Das ist für Einheimische insofern besonders schlimm, weil sich diese Europa-Romantiker für ihre Kurzzeit-Erfahrung natürlich besonders gerne auf die Hilfe von Ortskundigen verlassen – und entsprechend jeden, der aussieht, als könnte er den Film auch gesehen haben, so lange nach allen Schauplätzen und Setpieces abklopfen, bis man sie einfach an der Hand nimmt, vor der Votivkirche abstellt, ihnen eigenhändig eine Französin aus den Passanten pickt und die beiden zu konsensuellem Sex verdonnert.

Die dritte Gattung stellen die ultrareichen Russen, die aussehen, als führte ihr örtlicher Kaviar-und-Kleidungsladen ausschließlich Beluga und Roberto Geissini, und die uns angefangen von teuren Boutiquen im Goldenen Quartier bis hin zu Innenstadt-Altbauwohnungen einfach alles leer- oder gleich ganz aufkaufen, was in ihren vom Geissini-Bling geblendeten Augen nach Traditionsgemäuer, Statussymbol oder Wertanlage aussieht. Die Russen sind für Einheimische die angenehmsten Besucher, weil sie ab einem gewissen Füllstand vornehmlich einander verprügeln und sowieso nur die Art von Lokalen aufsuchen, in die Wiener nur abbiegen, wenn sie auf dem Nachhauseweg sehr dringend koten müssen. Auch im Hinblick auf das Autoritäre und Autokratische fühlen wir uns mit Russen in der Stadt zunehmend wohl; da die FPÖ auf ein Drittel der Wählerstimmen kommt, ist es langsam auch für die restlichen zwei Drittel an der Zeit, sich langsam wieder ostwärts zu orientieren und es unseren Großeltern gleichzutun und Russisch zu lernen. Schlimmstenfalls war es genau wie bei unseren Großeltern umsonst, und wir wissen alle, dass auch das nicht geschadet, sondern – im Gegenteil – zumindest für ein paar lustige Geschichten über Kaugummi-gegen-Sex-Tauschgeschäfte gesorgt hat.

Was alle drei Gruppen gemeinsam haben, ist die vorprogrammierte Enttäuschung darüber, dass das »echte Wien«, das sie alle so verzweifelt suchen, nicht wirklich existiert. Das liegt natürlich zu einem guten Teil daran, dass man das echte Wien weder in Touristenvorstellungen in der Spanischen Hofreitschule noch in *Before Sunrise* und erst recht nicht in den Nobelboutiquen der Innenstadt findet. Es hat aber auch damit zu tun, dass das Konzept von Authentizität, mit dem Touristen gern auf Reisen gehen, in Wien genau wie in jeder anderen Stadt schnell an seine Grenzen stößt, wenn man darunter eine verkitschte, disneyfizierte und gleichzeitig historisch reine Version der Stadt versteht und dann darüber irritiert ist, dass die echten Bewohner des echten Wien eben genauso zu Starbucks gehen und *House of Cards* schauen wie in jeder anderen Stadt der Welt auch. Sofern man also nicht zu einer der drei prototypischen Touristen gehören will, sollte man seine kulturellen Erwartungen an die exotische Ferne kurz mit dem 21. Jahrhundert abgleichen und im Allgemeinen damit aufhören, sich wie ein arroganter Safari-Urlauber aufzuführen.

WEIL WIEN DIE BOBOS
HERVORGEBRACHT HAT

Es gibt viele österreichische Begriffe, die für Deutsche klingen, als würden wir gerade einen Schlaganfall erleiden: Paradeiser, Zwetschkenröster, Hawidehre sind das verbale Äquivalent davon, wenn es nach verbranntem Toast riecht und uns die Sprache unfreiwillig aus der gelähmten Gesichtshälfte tropft. Aber die meisten davon haben zumindest ein ganz einfaches Ersatzwort im Hochdeutschen; in den Fällen von vorher wären das »Tomate«, »Pflaumenkompott« und »Ich begrüße Sie« (beziehungsweise »Da haben wir den Salat«, je nach Kontext).

»Bobo« ist ein Wort, das man deutschen Lesern nur sehr viel schwerer erklären kann. Bobo steht für Bohemian Bourgoise und ist circa so sympathisch wie diese Abkürzung. Dass er außerdem wie etwas aus dem erweiterten Erzähluniversum von *Baby TV* klingt, ist wahrscheinlich Zufall, passt aber ganz gut dazu, dass der Bobo auch sonst keinen Geschmack, keine Selbstironie und keine Scham kennt. Er trägt Zehenschuhe, Rauleder-Jacketts und sieht aus wie ein Quäker, der sich in einen Zeitreisefilm verirrt hat, von dem er als Einziger nicht weiß, dass es sich um eine Komödie handelt.

Er postet auf Facebook Dinge wie: »Mein Basilikum auf der Terrasse geht ein. Vielleicht hilft ja ein Schuss Club Mate?« Außerdem fährt er natürlich Rad, führt mit Vorliebe Gespräche über modulare Arbeitswege und bekommt die Biokiste vor die Haustür geliefert, wo er sie im Out-of-Bed-Look empfängt, um sie über den knarzigen alten Parkettboden in den natürlichen Kühlraum zu schleifen und die Hälfte des Gemüses als rohe Häppchen beim Durchblättern seiner antiken Coffeetable-Books zu vernaschen, weil er zu viel Stadtmensch und zu wenig internetaffin ist, als dass er tatsächlich irgendwas über die Zubereitung von allem außer Sellerie wüsste.

Der Bobo macht Selbstschlachtungsreisen, bei denen er sich leider nicht selbst schlachtet, sondern nur ein bisschen selbst schlachten darf, weil er bei Zuckerberg gesehen hat, dass das vor drei Jahren cool war und außerdem sehr gut zu seinem nachhaltigen Denken passt (oder so). Der Bobo ist kein Hipster, weil er das Haupt- und Barthaar eher licht trägt, gewachste Hosen besitzt und nicht auf Vintage steht, sondern auf Antik; auf Bauernhaus und Craft-Bier statt auf Studentenbude und Eckbrauerei. Der Bobo ist der kleine Godzilla des östlichsten Westens; das reaktionäre Aufbäumen von mehreren Jahrzehnten schiefgelaufener kultureller Experimente, das Monster aus der Salzlake. Leider ist der Bobo auch sehr kinderfreundlich und damit eine echte Gefahr für Wien. Alle inneren Bezirke mit Ausnahme des 1. sind von ihm befallen. Zum Glück für alle anderen achtet der Bobo zu sehr auf seinen ökologischen Fußabdruck, um mit seinen Zehenschuhen auf Reisen in andere Großstädte zu gehen, geschweige denn sich dort niederzulassen. Diese gottverdammten Zehenschuhe.

VIII.

UNGEWOLLTES UND UNSCHULDIGES

WEIL DER STATUS DER SOZIALDEMOKRATIE
ZUM SCHÄMEN IST

Wie recht Bernhard hatte und wie ungern wir ihm das nach wie vor zugestehen, zeigt ein anderes seiner Bonmots über die Walzer-hauptstadt. Für ihn war Wien bewohnt von »Pseudosozialisten«, die ihre Stadt »bis an den Rand mit ihrem Unrat« anfüllten und in eine asoziale »Kloake« verwandeln würden. Das klingt, auch beim zweiten Mal Lesen, ein bisschen hart. Nicht nur, aber auch ange-sichts des Umstands, dass Wien seit dem Zweiten Weltkrieg noch nie keinen Sozialdemokraten ins Rathaus gewählt hat und mit sei-ner Sozialdemokratie dem Selbstvernehmen nach relativ zufrieden zu sein scheint.

Besonders unser jüngster (wenn auch nicht mehr ganz junger) Bürgermeister Michael Häupl wurde über die letzten Jahrzehnte zum gesättigten Sinnbild der Stadt, der er mit Sätzen wie »Man bringe den Spritzwein« ein bisschen weltmännische Gemütlichkeit gebracht hat. Als Politiker der alten Riege, der keine Angst davor hat, von der Parteilinie abzuweichen oder auch mal dem Bundes-kanzler zu sagen, wo der Häupl den Most holt, war er längste Zeit ein Bürgermeister wie eine Allegorie: keine Persönlichkeit, sondern personifizierte Politik; kein Mann, sondern eine Mannschaft (und das nicht nur, was den Resonanzraum anbetrifft).

Häupl war gleichzeitig Politiker der alten Schule und Liebling der neuen Medien, leibgewordene Modernisierungsresistenz und perfektes Meme-Material. Noch im Wien-Wahlkampf 2015 gab er im TV-Duell den Stadtkaiser, bei dem man nicht viel Vorstellungs-kraft mobilisieren musste, um ihn sich auf einer Sänfte auszumalen, und kritisierte im Hinblick auf die Flüchtlingspolitik der FPÖ den Parteichef Heinz-Christian Strache für dessen »Charakterlosig-keit«. Am Westbahnhof, wo private Initiativen eine beispiellose

Hilfsaktion mobilisierten, ließ die Stadt Wien PR-wirksam Zettel mit der Botschaft »You are safe« aushändigen, und Häupl sagte in Interviews: »Wir haben als Sozialdemokraten eine ethische Verantwortung, dass wir diesen Menschen helfen. Ich schicke diese Kinder nicht zurück!«

Anfang 2016 holte sich die SPÖ mit Hans-Peter Doskozil einen neuen Verteidigungsminister. Doskozil war zuvor Polizist und der österreichischen Öffentlichkeit durch die Einsatzleitung im Burgenland bekannt geworden, wo er die Flüchtlingssituation human und besonnen unter Kontrolle gebracht hatte. Noch im Herbst 2015 sagte er gegenüber der Tageszeitung *Kurier*: »Wenn ich an der Stelle eines Flüchtlings wäre – selbst wenn ich ein Wirtschaftsflüchtling wäre – und sehe, wie viel besser das Leben in Europa ist, würde ich auch flüchten. So würde jeder handeln. (…) Natürlich geht es darum, ein besseres Leben zu haben. Das ist für mich auch nichts Unehrenhaftes.« Inzwischen klingt Doskozil anders – und mit ihm die gesamte Partei. Heute fordert Doskozil »konsequente Abschiebungen« und betont, dass »Wirtschaftsflüchtlinge« kein Recht auf Aufenthalt in Österreich hätten. Doskozil ist gebürtiger Steirer und war moderater bis liberaler Polizeichef im Burgenland – in Wien wurde er zum Hardliner.

Bürgermeister Michael Häupl änderte seinen jahrzehntelangen Kurs keine drei Monate nach der Wiederwahl, als er betonte, die Sozialdemokratische Partei Österreichs sei »natürlich nicht Partei der offenen Grenzen«, und in Bezug auf Grenzkontrollen auch klarstellte: »Kontrollieren kann auch abhalten heißen.« Bernhard würde sich vor Freude im Grab umdrehen.

Seither gab es fairerweise auch Versuche, den Rechtsruck der Ex-Linken und ihren popularitätstechnischen Sinkflug abzufedern. Nach dem ersten Durchgang der Bundespräsidentenwahl, in dem der SPÖ-Kandidat auf nur 11,28 Prozent kam, kündigte Bundeskanzler Faymann seinen Rücktritt an. Sein Nachfolger Christian Kern, davor Chef der Österreichischen Bundesbahnen, wurde vom Boulevard sofort als Bogart, von Twitter als Bond und von den Sozialdemokraten selbst als Messias verehrt. Jetzt ist es nicht unbedingt untypisch für Wien, Probleme schon bei der leisesten Andeutung einer Lösung als erledigt zu betrachten. Aber um es mit dem grünen EU-Abgeordneten Michel Reimon zu sagen: »Die messianische Verehrung schon vor der Auferstehung der SPÖ ist mir inzwischen suspekt.« Vielleicht ist Kern für seine Verehrer aber auch weniger der Messias als das nächste Menschenopfer. Die respektvolle Podest-Stellung, die das Volk beiden einräumt, sieht sich oft zum Verwechseln ähnlich.

81. GRUND

WEIL DAS KLIMA DIE MENSCHEN RUINIERT

Wien ist keine bunte Stadt. Das stimmt sowohl im Hinblick auf Architektur und Stil, wo Wien die gesamte Farbpalette von Milchkaffee bis alter Haut abdeckt, als auch in Bezug auf die Wetterlage, die abseits von drei Monaten Sommer eher diesig bis düster aussieht und den Einwohnern für drei Viertel des Jahres alle möglichen Mangelerscheinungen auftischt, von denen eine der gängigsten das Fehlen von Vitamin D betrifft. Tatsächlich ist Vitamin-D-Mangel die häufigste Diagnose, mit der Menschen in meinem Umfeld von ihren Untersuchungen zurückkommen; gewissermaßen das neue »ein bisschen mehr Gemüse würde nicht schaden«, nur mit ernsteren Konsequenzen.

Vitamin-D-Mangel kann zu Herz-Kreislauf-Erkrankungen führen – tatsächlich gehen Forscher der Medizinischen Universität Graz davon aus, dass Wolfgang Amadeus Mozart an den Folgen seines Vitamin-D-Mangels gestorben ist. Das Problem ist aber nicht nur, dass Wien anscheinend besonders günstig liegt, damit seine Bevölkerung wie langsam in der Sonne verschrumpelnde Trauben ihre Energie in den Boden auslaufen lässt. Das Problem ist, dass eine Überdosis Vitamin D pikanterweise dieselben Folgen haben und genauso zu Herz-Kreislauf-Erkrankungen führen kann.

Angeblich hilft steirisches Rindfleisch, wie mir zumindest eine Ärztin versicherte. Die Sonne dürfte im südlichen Österreich bereits günstiger stehen. Ob das so stimmt, habe ich nicht überprüft (genauso wenig wie die Frage, ob besagte Ärztin nicht vielleicht die erste Wien-Emigrantin einer steirischen Bauernhofdynastie ist), aber zumindest hat Rindfleisch eine intensivere Farbe als das aschfahle Wiener Creme-Einerlei, also zumindest für die Seele hilft's bestimmt.

WEIL DER WIND ALLE UM DEN VERSTAND BRINGT

Anfang der 90er-Jahre plakatierte die rechtspopulistische FPÖ »Wien darf nicht Chicago werden«. Seither ist der Spruch so etwas wie gesunkenes Kulturgut, wenn es um die Position der Rechten in dieser Stadt geht (»gesunken« auch deshalb, weil bei den Freiheitlichen früher oder später jeder Anflug von Kultur im braunen Morast versickert). Was genau die FPÖ uns aber damit sagen wollte, konnten wir schon damals nur raten. Offensichtlich sollte der Claim auf all die furchtbaren Dinge anspielen, die man in der Regel mit Chicago verbindet: also »Machine Politics«, extremen Wind und Deep Dish Pizza. Verwirrend ist dabei nur, dass wir zwei dieser drei Dinge schon die längste Zeit in Wien haben und ich beim besten Willen nicht verstehe, was die Rechten gegen Deep Dish Pizza haben könnten. (Es ist Pizza in Kuchenform! Quasi eine böhmische Mehlspeise, nur mit Fleisch!)

Als ich das letzte Mal in Chicago war, gab es dort außerdem noch uralte U-Bahnen, die überirdisch fahren, sehr günstiges Bier in billigen Sportsbars und Jazzlokale, aus denen zahlungsunfähige Kunden schon mal mit Eishockeyschlägern vertrieben wurden. Ich glaube zwar nicht, dass die FPÖ wirklich irgendwas davon gemeint hat, aber selbst wenn, gilt auch hier: zwei von drei gibt es schon, und die Schlägerbehandlung würde wenigstens Schwung ins Nachtleben bringen.

Eventuell ist dem Claim bei aller Griffigkeit also die Sinnhaftigkeit auf halbem Weg abhandengekommen – nicht zuletzt, weil Chicago mit seinem Beinamen »The Windy City« und seinem grimmigen Barpersonal eher umgekehrt »Chicago darf nicht Wien bleiben« plakatieren müsste. Falls die FPÖ damals aber wirklich gemeint haben sollte, dass wir endlich etwas gegen diesen verdammten Wind tun müssen – indem wir beispielsweise riesige geodätische Kuppeln rund um alle Bezirke bauen und fortan in Frieden leben –, dann möchte ich hiermit klarstellen, dass ich bei diesem Poster wohl zum ersten und einzigen Mal einer Meinung mit den Freiheitlichen war und alle ihre Bestrebungen in diese Richtung nachträglich nur aufs Deutlichste mit streng gescheiteltem Kopfnicken unterstützen kann.

Der Wind ist in Wien das, was im Universum von *Star Wars* die Macht ist: die eine Kraft, die alles durchzieht (auch Kylo Rens eng anliegendes Hipster-Outfit) und mit ziemlicher Sicherheit der einzige gemeinsame Nenner hinter all dem Wahnsinn. »Als ich hierher gezogen bin, ging es mir ziemlich gut«, erinnerte sich ein Freund über einem Glas Whisky, »aber seit damals fühl ich mich täglich ein bisschen mehr so, als würde dieser [Kraftausdruck] Wind mir langsam die Muskeln von den Knochen ablösen.« Ich fragte ihn, ob er damit nicht übertreiben würde. »Was heißt hier übertreiben? Ich habe sogar angefangen, Hüte zu tragen! HÜTE!«, schluchzte er und fiel in ein katatonisches Schweigen.

Inzwischen hat auch die FPÖ eingesehen, dass der Kampf gegen die geografische Lage Wiens ein relativ aussichtsloser ist und aufgehört, den Chicago-Vergleich zu plakatieren. Stattdessen setzen sie regional jedoch auf noch mehr Kleinkariertheit, indem etwa die oberösterreichische FPÖ während des letzten Wahlkampfs »Linz darf nicht Wien werden« proklamierte. Vermutlich geht es dabei immer auch irgendwie um Kriminalität, aber wer weiß das schon so genau. Immerhin würde das inhaltlich wenig Sinn ergeben, wo die Kriminalitätsfälle laut jüngster Statistiken in ganz Österreich rückläufig sind – andererseits war die FPÖ noch nie die Partei der Statistiken oder Fakten. Am besten, man formt einfach eine Muschel am Ohr und hört auf das, was der Wind einem zuflüstert.

83. GRUND

WEIL DIE SONNTAGE DIE HÖLLE SIND

Wie bürgerlich und katholisch Wien immer noch ist, erlebt man hier an jedem siebten Tag – obwohl Sonntag in diesen Breitengraden eigentlich kein Tag, sondern ein Zustand ist. Es ist der 24-Stunden-Stand-by-Modus unserer Existenz, wo alle Vitalzeichen auf ein kryostatisches Minimum heruntergefahren werden und man sich nur noch nach draußen bewegt, wenn man unbedingt muss.

In den Treppenhäusern und Gassen riecht es nach Braten und stundenlang Geschmortem, auf den Straßen sieht man nur Enkel mit zugesteckten Blumensträußen auf dem Weg zur Oma, Bobo-Eltern, die ihre Kleinkinder hastig durch die Frischluft schieben, und gepeinigte Hundebesitzer, die sich ängstlich umsehen, während sie ihre Haustiere zwischen Autos scheißen lassen.

Die traurigste und auch seltenste Gattung der Sonntagswandler sind die Schaufensterschauer: Menschen wie du und ich, nur dass sie in der Halbwelt des Konsums dahinvegetieren, nicht ganz lebendig, aber noch nicht ganz bereit, nicht mehr im Produktreigen mitzutanzen. Sie sind die Vampire des Wiener Wirtschaftskreislaufs, und ihre Losung ist der Satz: »Gehen wir Auslagen schauen?«

Und nein, die Schaufenster-Shopper sind nicht die Armen, nicht die Darbenden, nicht die vom Wirtschaftskreislauf Ausgeschlossenen, sondern die Gierigen, die Biederen, die mit der Fasanenfeder am Hut Geschmückten, Pelzbesetzten, Bauernbestubten, Elfenbein-Gehstock-Bestückten – kurz die Prinzipien-Perfektionisten, die »eh alles haben« und »sowieso nichts brauchen« und gar nicht einsehen, warum sie »denen da oben das Geld in den Rachen werfen« sollten. Die Schaufenster sind ihr Pinterest, ihr Instagram, und ihnen entgeht in 100 Jahren des glasigen Durchscrollens kein einziges Like.

Der Rest von uns weiß es besser, als am Sonntag auf die Straße zu gehen. (Einzige Ausnahme ist ein Einkauf am Franz-Josefs-Bahnhof, aber dazu später mehr.) Wir wissen, dass uns dort draußen nichts als schlechtes Gewissen erwartet: weil wir den Tag des Herrn nicht würdigen, weil wir die Familie nicht genug ehren, weil wir zu wenig oder zu ausgiebig chillen, weil wir das bisschen Freizeit, das wir haben, nicht bewusst genug erleben, oder weil wir keinen Braten gemacht haben.

Als ich zwölf war, holte mich mein Vater einmal von der Schule ab, und wir gingen in die Nachmittagsvorstellung von *Jurassic Park*. Ich hatte am nächsten Tag einen Englischtest und noch viel zu wenig dafür gelernt, aber ich wollte auch wirklich dringend *Jurassic Park* sehen, und solche Kinoangebote gab es bei mir nicht täglich. Also habe ich ihm den Test verschwiegen und den ganzen Film über versucht, das ungute Gefühl zu unterdrücken, dass am nächsten Tag das anglistische Armageddon über mich hereinbrechen würde. Es war nur ein einfacher Vokabeltest, aber gleichzeitig auch so viel mehr. Es war die Gewissheit, auf den Arsch zu fallen, in Kombination mit dem Genuss von etwas, was einem durch dieses ganze Schuldbewusstsein für immer versaut wurde. Dasselbe Gefühl beschleicht mich immer noch jeden Sonntag. Anstatt jeden Sonntag an *Jurassic Park* zu denken, bekomme ich bei *Jurassic Park* immer noch jedes Mal ein schlechtes Gewissen.

Ich glaube, das Paradoxe – und Grundkatholische – an dieser ganzen Sonntagssache ist, dass wir in Wien ausgerechnet an dem Tag, den wir als einzigen zur Gänze zur Erholung nutzen sollten, an jeder Ecke darauf hingewiesen werden, wie wenig es hier eigentlich zu genießen gibt. Der Sonntag sollte bunt und lebendig sein, voller Luftschlangen und Zuckerwatte und Babyschwein. Stattdessen ist die Stadt leer gesäubert, nur noch von spazierenden Zombies bevölkert, und aus den Kanaldeckeln wabert der Geruch von Unzulänglichkeit auf die Straßen. Selbst das Licht ist irgendwie einsam, und wenn jemals irgendjemand laut schreien oder in die Hände klatschen würde, bin ich mir sicher, dass es auch einen komplett anderen Klang hätte als an jedem anderen Wochentag. Obwohl, so genau werden wir es wahrscheinlich nie wissen; das Einzige, was man an einem Sonntag in Wien hört, ist Nuscheln.

84. GRUND

WEIL DIE TV-LANDSCHAFT EIN HORROR IST

Was Fernsehen angeht, ist Österreich Wien, und Wien ist Österreich. Das schmerzt zwar wahrscheinlich die Macher von Servus TV – dem zum Hause Red Bull gehörigen TV-Versuch mit Sitz in Salzburg –, aber es ist ein notwendiger Schmerz, um nicht nur Fernsehen an der Wirklichkeit vorbei zu machen, sondern sich den miserablen Status quo unserer TV-Landschaft einzugestehen. Wien befindet sich fernsehtechnisch in einem frühkindlichen Stadium, und die vorhin schon erwähnten Comedy-Formate sind nur ein Symptom dafür.

Das hat, wie eigentlich alles immer, natürlich seine Gründe. Einer der wichtigsten ist, dass es bei uns erst seit 2003 Privatfernsehen gibt. Medienexperten haben uns deshalb den Spitznamen »Medienalbanien« gegeben – was lustig ist, weil Albanien bereits seit Ende der 90er-Jahre Privatfernsehen hat. Tatsächlich ist Österreich das letzte europäische Land, in dem das staatliche Monopol über die TV-Landschaft aufgehoben wurde. Solche Entwicklungsverzögerungen kann man natürlich immer mit der mangelnden Notwendigkeit von Konkurrenz argumentieren: »Das, was es gibt, ist schon das Beste, was man mit bewegten Bildern machen kann – vertraut uns ruhig.« Irgendwie ist das aber auch in etwa die Denkweise, die in kommunistischen Staaten zum Einsatz kommt, um zu erklären, warum es nur eine Sorte Obst oder nur einen Film im Kino gibt.

Die Angst vor Konkurrenz, der Glaube an Regulative und das Grundvertrauen in das Bestehende haben unsere Gehirne derart stark im Griff, dass wir es lieber miserabel haben als ungewiss. Österreichs Fernsehlandschaft ist wie eine Neuauflage von David Cronenbergs *Videodrome*, nur dass es dabei nicht um einen Snuff-Film-Piratensender ginge, sondern einfach um einen zweiten Anbieter, der dreisterweise ebenfalls News und Polittalks ausstrahlen will. Peter Weller würde die Generalintendanz des Öffentlich-Rechtlichen verkörpern, die am Ende eine Videokassette der Konkurrenz in seine Eingeweide aufnimmt und aus Diversitätsangst in die Luft fliegt.

Vielleicht liegt es auch daran, dass die heutigen Fernsehmacher noch immer nicht ganz zu jener Generation gehören, die mit deutschem Kabelfernsehen aufgewachsen ist und so etwas wie einen Hauch von der weiten Welt in der televisuellen Muttermilch hatte. Oder es ist wirklich, wie Gustav Mahler gesagt hat: »Wenn die Welt einmal untergehen sollte, ziehe ich nach Wien, denn dort passiert alles fünfzig Jahre später.«

WEIL HIER DER ALKOHOLISMUS REGIERT

Gut, das klingt auf den ersten Blick nicht besonders wienspezifisch. Immerhin zählt neben Österreich auch Deutschland zu den »alkoholdeterminierten Kulturen«, was zu gleichen Teilen Angst macht und Sinn ergibt. Hier wie dort feiert man sich für den exorbitant hohen Bierkonsum, als hätte man die WM gewonnen; was bei Deutschland im Gegensatz zu Österreich wenigstens hin und wieder stimmt und auch erklärt, warum wir vielleicht doch ein bisschen mehr an der Flasche hängen als unsere Nachbarn.

Sieht man sich aber ein bisschen genauer um und kratzt den Lack des schicken, funktionalen Alkoholkonsums von der Wiener Weinhaus-Patina, tritt eine ziemlich abgründige, versiffte Seite unseres Alkoholismus an den Tag, die man sich nur schwer mit gesellschaftlichen Anlässen und ausgelassener Lebenslust schöntrinken, äh, -reden kann. Hier gibt es Bier-Spas und Bier-Saunen, Wein-Kuren und -Diäten, Punschkrapfen und Rumkugeln im Winter, Aperol und Spritzer im Sommer und nichts davon nach 12:00 Uhr mittags. Bei uns bruncht man nur mit Sekt, luncht ausschließlich zu zwei bis drei Gängen Wein und diniert niemals ohne Aperitif, Digestiv und zwei bis sechs Achteln als flankierende Maßnahme. Während anderswo zum Grillen kleine Biere gezischt werden, inhaliert der Wiener schon beim Auflegen der Kohlen zwei 0,5-Liter-Dosen, die ohnehin hauptsächlich Wasser und Elektrolyte enthalten, wie er beim ersten Stolpern in die Glut gerne witzelt. Jede Familie hat mindestens einen privaten Schnapsbrenner in ihren Reihen, der seit Jahrzehnten in seinem Keller am perfekten Hochprozentigen werkt, selbst wenn er vom langjährigen Maische-Dunst inzwischen nur noch Knoblauch destilliert. Politiker prosten in jedem Wahlkampf mit Bier und deklinieren ihre Volksverbundenheit anhand von Likören und Schnäpsen durch.

Für manche klingt das vielleicht noch immer nicht nach einem ernsthaften Problem; oder zumindest nicht nach einem, das nicht andere westliche Städte genauso haben. Klar, in Berlin gibt es mehr Party, in kaZantip längere Komasauforgien, und in Prag wird mehr Pils zwischen den Knödeln hinuntergeschwappt als hier. Aber es geht weniger um die Mengen als um das Mindset. Berlin kann abseits seiner Partys auch gediegen sein, kaZantip besucht man nur, wenn einem der assistierte Freitod in Zürich zu teuer ist, und die Prager Bierkur gönnt man seiner Leber nicht öfter als einmal auf der Durchreise.

Die Wiener pflegen zum Alkohol noch dieselbe Einstellung wie die Inka des alten Peru: Man kennt einfach keine anderen trinkbaren Flüssigkeiten und ist sich keiner Beeinträchtigung bewusst. Antialkoholische Getränke dürfen zwar sein, werden aber eher als Gewürz verstanden und sind dem Vernehmen nach den Aufpreis nicht wert, das sie in der Gastronomie kosten (von zu Hause brauchen wir gar nicht erst anfangen, denn dort hat man ja nun wirklich restlos keinen Grund, grobmotorisch fortbewegungsfähig zu bleiben).

Alkoholisierung kennt der Wiener erst ab dem Grad, wo er von jemand anders darauf angesprochen wird; und dafür braucht es schon einen echten Anlass oder einen besonders unsympathischen Zeitgenossen. Erst im vergangenen Sommer gab es eine groß angelegte Plakatkampagne für alkoholfreies Bier, die den Wienern versprach, dass sie weniger Schlägereien und Probleme mit ihren Frauen haben könnten, wenn sie nur gelegentlich auf Alkohol verzichten würden. Was für den Anti-Alk-Anbieter ein rundes Konzept ergab, war für den Rest der Stadt vor allem das schmerzhafte Armutszeugnis einer gigantischen Entziehungswerbung. Zwischen den Zeilen stand: Wir haben im Grunde längst aufgegeben. Das sieht man auch an Absteigen mit so klingenden Namen wie »Café Na und?« und der Preisgestaltung von Bierdosen, von denen sich selbst ein Obdachloser in einer guten Minute zwei zusammenschnorren kann.

Darüber täuscht eigentlich nur noch hinweg, dass Wien seit Anbeginn der Zeiten einen Bürgermeister hat, der für viele das freundliche Gesicht der Trinkfestigkeit verkörpert, am laufenden Band Memes generiert und nicht nur sich, sondern eine ganze Stadt bestens unter Kontrolle zu haben scheint. Witze, deren Pointen mit dem Betrunkenheitsgrad des Bürgermeisters kokettieren, sind mit Sicherheit stark überzogen; aber sie zeigen, wenn schon sonst nichts, das Bedürfnis der Wiener, ihren obersten Patron gleichzeitig auf ihr Abhängigkeitsniveau herunterzuholen und zu einem allen Widrigkeiten trotzenden Helden des Blutalkoholabbaus zu überhöhen. Gerüchte aus der Gastronomie, denen zufolge das ikonische Spritzweinglas des Bürgermeisters bei abendlichen Veranstaltungen gerne mit Wodka aufgewertet wird, können an dieser Stelle nicht bestätigt und nur aufs Schärfste verurteilt werden.

WEIL WIENER GLAUBEN, AUF ALLES ANSPRUCH ZU HABEN

Vorweg muss ich sagen, dass ich den Sozialstaat wirklich mag. Da ich in meinem Leben schon viele Knochenbrüche hatte, bin ich sehr dankbar, nicht für jeden Gips und jeden Krankenhausaufenthalt extra bezahlt haben zu müssen, und ich finde es großartig, dass ich in meinem Leben ein paar Mal die Chance hatte, monatelang Demo-Versionen von Games zu spielen, Wrestling zu schauen und zu kiffen, statt mich für furchtbare Jobs zu bewerben, weil man bei uns im Gegensatz zu einigen neoliberaleren Ländern ziemlich gut vom kurzzeitigen Ausscheiden aus dem Arbeitsmarkt leben kann. Ich würde mir auch wirklich zwei Mal überlegen, ob meine Kinder wirklich in einer aufregenderen Stadt aufwachsen sollen, wo der Neoliberalismus schon bei der Bewerbung um einen Kindergartenplatz seine freiliegenden Zahnhälse zeigt, wenn sie in Wien durch ihr Schulalter geführt werden wie abenteuerhungrige Mütter durch ein behütetes Ayahuasca-Schwitzhütten-Seminar, das zwar seine Höhen und Tiefen, aber dabei immer sehr, sehr viel Sicherheiten hat.

Der Sozialstaat ist auch kein gönnerhafter Großemir, dem gegenüber wir unentwegt für seine per Zufallsprinzip gestreute Wohltätigkeit dankbar sein müssen – der Sozialstaat hat Regeln und Steuern, wir zahlen in ihn ein und nehmen aus ihm heraus, und gewisse Ansprüche erwarten wir uns deshalb völlig zu Recht. Aber es gibt Grenzen dessen, was uns guttut. Grenzen davon, was selbstverständlich sein sollte. Wäre das hier der Vorspann zu *Outer Limits*, würde sich jetzt eine schwarz-weiße Spirale im Bild drehen, ein Theremin im Hintergrund sphärische iPhone-Sounds produzieren, und eine sonore Moderatorenstimme würde anfügen: »Wir überschreiten heute diese Grenzen – die Grenzen von allem, außer unserer Vorstellungskraft. Heute werden Sie eine Welt erleben, in der alles möglich ist. Eine Welt, in der Menschen alles zusteht, auch wenn sie nichts dafür tun. Eine Welt der Magie und der Sozialdemokratie. Eine Welt jenseits der Vernunft, jenseits der rationalen Einschätzung unserer eigenen Fähigkeiten. Eine Welt, in der nur zählt, was wir glauben und wollen. Eine Welt, in der alle anderen keinen und wir jeden erdenklichen Anspruch haben. Willkommen bei unserer Reise … in die *Wiener Dimension*.«

Ungefähr so (und circa genauso rückständig) kommt mir die Wiener Anspruchsgesellschaft vor. Und die Menschen atmen sie durch jede Pore. Wir sind es gewohnt, auf unser Recht zu pochen, nach unseren Sicherheiten zu fragen, die gesetzlichen Grenzen so weit wie möglich zu unseren Gunsten auszureizen. Menschen arbeiten nach der Stechuhr, nehmen sich aber das Maximum an möglichen Krankheitstagen; sie wissen genau Bescheid, was ihnen zusteht, wie sie die Regeln zu ihren Gunsten ausnutzen können und was der Arbeitgeber sich keinesfalls erlauben darf. Das ist bis zu einem gewissen Grad natürlich völlig in Ordnung. Aber Österreich ist im weltweiten Vergleich auch das Land mit den meisten arbeitsfreien Tagen pro Jahr und das Land mit den zweitmeisten bezahlten Mindesturlaubstagen gleich nach Großbritannien – und trotzdem spürt man in der Hauptstadt keine Entspanntheit oder Dankbarkeit, sondern vor allem Anspruchsdenken. »Ich werde *sicher keine* Mail beantworten, wenn ich krankgeschrieben bin« ist für viele eine genauso selbstverständliche Aussage wie »Aus der Leitung hat gefälligst bestes steirisches Hochquellwasser aus den Alpen zu sprudeln« – und nur die wenigsten Wiener sind sich bewusst, dass auch Zweiteres nicht selbstverständlich ist (ich meine, Leitungswasser aus den Alpen? Im Ernst, Wien?).

87. GRUND

WEIL HIER FREMDENFEINDLICHKEIT UND ANSPRUCHSDENKEN HAND IN HAND GEHEN

Dieses Gefühl von gefühlter Anspruchsberechtigung und die damit einhergehende Verweigerungshaltung gegenüber allem, was über die reine Pflichterfüllung hinausgeht, wären ja sogar noch als Marie-Antoinette-hafte Eigenheit hinnehmbar. Zumindest in einer Welt, in der Österreich auf einer Insel liegt und Wien mit keinerlei Migration zu tun hat; im Gegensatz zur Wirklichkeit, wo wir seit jeher das Tor zum Osten sind und hauptsächlich von Zuwanderung leben. Das Anspruchsdenken der Wiener ist der Ursprung unserer Xenophobie. Plötzlich drängen Leute auf unseren Arbeitsmarkt, für die Jobsuche nicht in erster Linie bedeutet, eine Stelle zu finden, an der man sich ausruhen und es sich die nächsten Jahrzehnte über bequem einrichten kann, wie eine Porzellanvase unter zehn Schichten Luftpolsterfolie. Plötzlich kommen Menschen, die bereit sind, mehr zu tun (womit keineswegs Schwarzarbeit und Lohndrückerei, sondern einfach erhöhte Leistung am regulierten Markt gemeint ist), und die damit unweigerlich Fragen über unser Selbstverständnis aufwerfen, die wir uns niemals stellen wollten. »Hat dieser Zuwanderer deinen Job vielleicht eher verdient, wenn er kein faules Stück Scheiße ist?«, wäre eine solche Frage. Sicher, das ist kein Programm (und erst recht kein Wahlspruch), mit dem irgendeine Partei jemals punkten würde. Aber es ist ein Paradigmenwechsel im grundlegenden Nachdenken über Jobs, der überall anders längst eingesetzt hat.

Wien ist gewissermaßen die Umkehr des altbekannten Kennedy-Zitats: »Frag immer zuerst, was deine Stadt für dich tun kann. Und wenn die Antwort nicht zufriedenstellend ist, stell einen Antrag auf Änderung.«

88. GRUND

WEIL WIEN KEIN SPRUNGBRETT IRGENDWOHIN IST

Wenn man nach Berlin gesund kommt und als Wrack wieder geht, wie Iggy Pop einmal gesagt hat, dann kommt man nach Wien als Wrack – und geht gar nicht mehr.

Wien ist wie die Stadt in *Dark City*, aus der es kein Entkommen gibt, weil für ihre Bewohner (Spoiler!) außerhalb nichts anderes mehr existiert, ob sie das nun gut finden oder nicht. Bei genauerer Betrachtung ist Wien in ziemlich vielen Punkten wie die Stadt in *Dark City*: ein Nachbau einer echten Stadt, voll mit atavistischen Überbleibseln von einer übertriebenen Epochen-Shoppingtour, ein Ort, an dem sich alles wiederholt, eine Miniatur, die für jeden funktioniert, solange niemand Ambitionen hat, sie jemals zu verlassen.

Wer in Berlin gearbeitet hat, kann damit nach London weiterziehen; sich einen Wiener Job ins internationale Curriculum Vitae zu schreiben, wäre im Vergleich dazu ein bisschen so, wie mit seinen Grundschulkenntnissen anzugeben. Das bestätigte mir auch eine Freundin, die heute in San Francisco lebt und sich zwischen Ostblock und Westküste auf so ziemlich jedem Arbeitsmarkt umgesehen hat. »Sicher kannst du erzählen, was du in Wien gearbeitet hast«, meinte sie. »Aber es ist so, wie wenn ein Schauspieler mit einer Rolle in einer Serie angeben will, die kein Mensch kennt.« In einem Wort: peinlich. Oder in einem anderen Wort, das in Wien viel öfter die richtige Antwort ist: wurscht. Denn, so meine Freundin weiter: »Die Leute hier schauen sowieso nicht über den Tellerrand. Niemand hier hat irgendwelche Ambitionen, die Stadt oder das Land zu verlassen. Die Wiener garen lieber in ihrem eigenen Sud.«

Ja, Berlin mag einen erledigen; aber das tut es auch, weil die Stadt einen im Schnelldurchlauf verdaut und irgendwann wieder ausspuckt (oder was auch immer am Ende so eines Verdauungsvorgangs passiert). Wien hingegen saugt einen auf und integriert einen direkt in den eigenen Metabolismus. Es ist der feine Unterschied zwischen Verbrauchtwerden und Kaputtsein, zwischen einem lodernden Feuer und einem Haufen fertiger Asche.

89. GRUND

WEIL DIE STADT UNFÄHIG IST, MIT WETTER UMZUGEHEN

Wetter ist der größte Scheiß und wahrscheinlich die letzte große Geißel der Menschheit, die wir erst nach dem gemeinen Schnupfen besiegen werden. Wetter ist aber auch ein ziemlich kalkulierbarer Faktor, weil es eigentlich nie nicht vorkommt und erstaunlich oft erstaunlich ähnlich abläuft. Manchmal ist das Wetter warm, manchmal ist es kühl. Im Extremfall ist es heiß und stickig, oder aber es ist kalt und eisig. Dazwischen regnet es gelegentlich, und das meiste davon passiert circa dann, wenn es sich zuvor in den

Wetterberichten, am Himmel oder an der Jahreszeit auch bereits abgezeichnet hat. Natürlich gibt es Ausnahmen; ich wurde mal von einem Platzregen derart unhöflich überfallen, dass ich ihm mein gesamtes Geld entgegengeworfen habe, bevor ich aufgrund der durchdringenden Nässe aus meinen Schuhen gestolpert bin, woraufhin ich von einer städtischen Bibliothekarin eingesammelt und gesund gepflegt wurde, die mich während unserer gemeinsamen Zeit dazu zwang, die »Buchempfehlungen der Woche« für ihre Filiale sowie die Facebook-Postings ihrer offiziellen Seite zu schreiben, nur falls ihr euch mal gefragt haben solltet, wie diese beiden Textgattungen eigentlich entstehen.

Merkt ihr etwas? Genau – noch nie ist es irgendwo auf der Welt allein aufgrund von Wetterereignissen zu einer solchen Geschichte gekommen. Wetter ist dann schlimm, wenn man durch eine Verkettung unglücklicher Zufälle vom Blitz getroffen wird oder ein Lkw ungebremst auf einen zuschlittert, wie das in russischen Dashboard-Kamera-Videos manchmal zu sehen ist – und selbst dort ducken sich in den meisten Fällen betrunkene Russen im genau richtigen Sekundenbruchteil aus der Schussbahn und überleben. Sonst ist Wetter nur eine nebensächliche Unannehmlichkeit, wie Mücken im Bett oder Zeugen Jehovas vor der Türe. Ja, manchmal schwitzt man wie eine Prostituierte beim Gottesdienst, und ja, hin und wieder friert man wie Jack in *The Shining*, aber da wir alle schon groß sind und gemeinsam in diesem Neurosenglashaus namens Großstadt leben, sollten wir den Anstand besitzen, der Klügere zu sein, dem Wetter nachzugeben und unser Leben mit Würde fortzusetzen.

Und zwar ohne wie Lemminge auf geschlossene Bustüren zuzulaufen, wenn die ersten Tropfen fallen. Und ohne hinter dem Steuer augenblicklich in den Tokyo-Drift-Modus zu verfallen, wenn drei Schneeflocken die Windschutzscheibe erreichen. Und auch ohne sofort die evolutionäre Errungenschaft der bipederen Fortbewegung zu verlernen, wenn einem die Hitze ein kitzelndes Rinnsal in Steißbeinnähe beschert und man an Ort und Stelle stehen bleibt, weil man einfach nicht mehr kann (auch wenn Ort und Stelle der Eingangsbereich einer U-Bahn oder die gut klimatisierte Schiebetür eines Supermarktes sein sollte). Das würde uns allen unglaublich guttun und eventuell dazu beitragen, dass sich Intervalle der öffentlichen Verkehrsmittel in Wien nicht beim kleinsten Wetterumschwung auf 15 Minuten ausdehnen oder Autos augenblicklich in Staus stehen, wenn in China ein Schmetterling mit der Wimper blinzelt. Vielleicht sind Wiener noch nicht ganz bereit für so viel Selbstbeherrschung und Wettergroßmut wie die Menschen in London, wo man fast schon mit hörbarem »Bring it on« durch den Regen stapft. Aber ich glaube, wir können es werden. Alles, was wir dafür tun müssen, ist, von zu Hause auszuziehen und unseren leise ächzenden Babyarsch in die Hand zu nehmen.

90. GRUND

WEIL TECHNIKRESISTENZ
HIER EINE RELIGION IST

Wien, das ist, wo alte Menschen beim unabsichtlichen Anwählen des Teletexts schon den Kopf schütteln, als sei gerade ein zweigeteilter David Blaine ihrem TV-Gerät entstiegen. Wien ist auch, wo junge Menschen über Betriebssystem-Updates jammern, als müssten sie den Hausrat dreier Großfamilien ohne Umzugsunternehmen in die Karibik übersiedeln. Eltern benutzen ihre Kinder als Sekretäre und sagen Dinge wie: »Gib doch mal das Wetter von morgen auf deinem Handy ein«, obwohl sie selbst ein Smartphone haben. Menschen um die 40 schaffen es, per Mausklick ganze Desktops in Zeitspalten verschwinden zu lassen, und Geistesgreise ab 50 erklären ihren Kindern im gleichen Tonfall, in dem sie früher vor Masturbation gewarnt haben: »In meinem Internet gibt es kein Google«.

Wien ist Technikresistenz und -renitenz in Reinform, quer über fast alle Altersklassen und Bildungsschichten. Smartphones ersetzen hier seltener andere Werkzeuge von früher und viel häufiger die Intelligenz ihrer Benutzer. Als ich vor Kurzem beim Brainstormen für ein Geburtstagsgeschenk helfen sollte, das für einen mittelalten Vater gedacht war, lautete das erste Kriterium: »Etwas Technisches bringt nichts, er kann nicht mal beim Festnetztelefon abheben.«

Das klingt vielleicht, als würde man sich über gewisse Schichten, Altersgruppen oder kulturelle Kompetenzen lustig machen. Aber genau genommen ist Wien in seiner technophoben Fortschrittsignoranz sehr gleichberechtigend, was alle Schichten, Altersgruppen und Kompetenzler angeht. Die Bildung ist schon mal kein Faktor: Ich kenne unter Lehrabsolventen mehr begnadete PlayStation-Spieler als unter Akademikern. Das Alter alleine macht es auch nicht aus: Ich kenne Omas, die Sprachnachrichten auf WhatsApp verschicken, und junge Menschen, die nahe einem Treffpunkt eher anrufen, als Google Maps zu verwenden. Es ist eher die kumulierte Unfähigkeit quer über alle demografischen Faktoren hinweg. Und das wiederum hat viel mit dem allgemeinen Klima aus Heugabel-Habitus und Misthaufen-Mindset zu tun, wo »Was der Bauer nicht kennt, isst er nicht« immer noch als echte Eselsbrücke zum (agri)kulturellen Erfolg gilt.

»Ich weiß nicht, was mich mehr irritiert«, fragte ein Freund vor Kurzem auf Facebook. »Dass der Typ gegenüber in der U6 einen Discman hat, oder dass er gerade eine CD namens *Dicke Titten Kartoffelsalat* eingelegt hat.« Wenn ich auf dem Buchweg bei der Beantwortung helfen darf: Natürlich Zweiteres. Discmans sind in Wien immer noch die Next-Gen-Technologie des kleinen Mannes, während *Dicke Titten Kartoffelsalat* ein völlig ungeahntes Verständnis für Dadaismus und absurde Lyrik offenbart.

WEIL WIEN DIE TRAURIGSTEN
SOUVENIRS DER WELT HAT

Um die Souvenirshops von Wien zu verstehen, muss man zuerst das Verhältnis der Wiener zu ihren Sehenswürdigkeiten verstehen. Während die Bewohner anderer Großstädte immer auch so etwas wie (wenn auch alltagsabgenutzte) Bewunderung für die großen Wahrzeichen vor ihrer Nase haben und ihre Augen jedes Mal glühen, wenn sie Touristen einen Besuch beim One World Trade Center/dem Kölner Dom/dem Tower of London/dem Brandenburger Tor empfehlen, ist der Wiener vor allem eins: angewidert und entnervt von der Penetranz, mit der ein Stephansdom/Riesenrad/Schloss Schönbrunn es wagt, sich ihnen immer wieder vor die Nase und ins Blickfeld zu setzen, gleich einem swaffelnden Penis. Die Wiener sind so mit ihrem Leid und der Schwere ihres Lebens beschäftigt, dass die Schönheit solcher Sehenswürdigkeiten an ihren Sinnen abrutscht wie ein nasses Stück Seife aus der Hand eines Gefängnisinsassen.

Deshalb ist es nur bedingt verwunderlich, dass wir auch bei Souvenirs nicht gerade den schärfsten Blick oder meisten Feinsinn haben. Stattdessen haben wir Schneekugeln, in denen Sissi wie ein eingelegter Embryo treibt; Christbaum-Kugeln mit Klimt-Motiven, die wie Tatortfotos wirken; Schaumrollen, die wie Kathedralen aus abgeseiltem Kot aussehen; »I love Vienna«-Kondome mit dem unergründlichen Hinweis »Funny humor condoms make you smile« im Kleingedruckten; pinkfarbene Basecaps in Geissen'scher Arschgeweih-Optik, die als Aufschrift ihren eigenen Blindtext tragen (»Romantic pattern style«); Beethoven-Magneten, auf denen der verbitterte Komponist aussieht wie der süßeste Stricher nach seiner Geschlechtsangleichung; gefälschte Mozart-Kugeln, obwohl Mozart nur für Leute, die auf Tausende Kilometer genau runden, Wiener war; und Tote-Bags, die so obsessiv mit der Aufschrift »Vienna Vienna Vienna« überseht sind, dass sie ein bisschen an die vollgeschriebenen Wände eines Massenmörder-Kellers erinnern.

Aber auch, wenn kein einziges dieser Souvenirs für sich genommen erträglich ist, ergeben die eingelegten Embryonen, sinnlosen Disclaimer, geschmacklosen Mode-Accessoires, obsessiven Schriftzüge, verdrehten Geschichtsbilder und Massenmörder-Allüren zusammen dann doch ein Bild von Wien, das die Stadt erstaunlich gut zusammenfasst.

SPRACHLICHES

WEIL WIR DEN PASSIV ÜBERSTRAPAZIEREN

Karl Farkas hat mal gesagt: »Was die Deutschen und die Österreicher trennt, ist ihre gemeinsame Sprache.« Das stimmt zweifelsohne – übrigens im Gegensatz zu dem Gerücht, dass dieses Zitat von Karl Kraus stammt. Und es bringt auf den Punkt, warum Piefke (siehe unten) und Schluchtenscheißer ein genauso schwieriges, von gegenseitigem Exotismus geprägtes Verhältnis haben wie Briten und Amerikaner – zu denen es passenderweise das gleiche Zitat von George Bernhard Shaw gibt. Wir verstehen einfach zu gut, was wir aneinander nicht verstehen; wobei der Österreicher längst eine Kunst daraus gemacht hat, auch sich selbst nicht zu verstehen. Und um das wiederum zu verstehen, muss ich kurz zu Tante Inge ausholen.

Tante Inge war eigentlich keine echte Tante – zumindest nicht meine. Sie war eine Freundin meiner Eltern (gut, sie ist es immer noch, aber lasst uns der Erzählung zuliebe bitte kurz in der Vergangenheit bleiben), und zum Zeitpunkt dieser Anekdote war es irgendwie normal, dass Kinder Erwachsene außerhalb der Familie je nach Geschlecht mit »Tante« und »Onkel« ansprachen. Warum, weiß ich bis heute nicht. Pädagogisch blauäugigere Menschen würden vielleicht sagen: um den Kindern eine sprachliche Eselsbrücke zu geben, anhand derer sie Vertrauenspersonen einwandfrei wiedererkennen können. Ich hingegen würde fast wetten, dass es auf perfide Art mit Altershierarchien und dem Umstand zu tun hat, dass Vornamen ohne Zusatz etwas waren, das damals nur Erwachsene untereinander und gegenüber Kindern benutzen durften.

Ob ich damals schon ähnliche Gedanken hatte (und damit ein verdammt gruseliges Kind war), weiß ich heute nicht mehr, aber ich kann mich noch überdeutlich erinnern, dass ich Tante Inge nicht als Tante Inge ansprechen wollte. Das ist vielleicht die einzige Sache, in der ich mein kindliches Ich noch heute gut verstehen kann. Immerhin entwertet das Tante-Inge-Konzept echte Tanten und Onkel und ist rein logisch nicht nachvollziehbarer als der Majestätsplural für einen Makaken (nichts gegen dich persönlich, Inge). Weil man sich als Kind damals aber nicht aussuchen konnte, welche Erwachsenen man wie anreden wollte, musste ich mir immer möglichst kreative Wege einfallen lassen, die direkte Anrede zu vermeiden. Mehr noch, ich versuchte auch gleich, das »Du« zu umgehen, damit mir nicht irgendwann aus Unvorsicht doch noch ein »Du, Inge« herausrutschen konnte. Anstelle von »Tante Inge, darf ich ein Brot haben?« fragte ich zum Beispiel »Kann man mir ein Brot machen?« und statt »Tante Inge, ich muss aufs WC« formulierte ich ein »Weiß jemand, wo das WC ist?«.

Aus heutiger Sicht macht mich das nicht nur zu einem ziemlich gruseligen Kind, sondern es markiert auch den Moment, in dem ich quasi meinen Lehrabschluss als echter Österreicher machte. Österreicher lieben es, Formulierungen zu verkomplizieren und menschliche Gespräche durch Passivkonstruktionen zu verhindern. Und nirgendwo ist diese Neigung – Überraschung – so ausgeprägt wie in Wien. Hier habe ich schon Sätze gehört wie »Wird die Butter noch gebraucht?« (im Café), »Das Fenster könnte geöffnet sein« (im Auto) oder meinen absoluten Lieblingssatz »Ist jemandem dort hinten eine Zeitung in Flammen aufgegangen?« (von einem Polizisten, der mich und einen Freund bei einem Abendspaziergang passierte, nachdem wir »dort hinten« eine Zeitung angezündet hatten; wir antworteten übrigens mit »Nein«, und er fuhr einfach weg). In älteren Straßenbahnen hängt außerdem ein Schild mit der Aufforderung: »Bitte sich festzuhalten«, das vermutlich alles in drei Worten sagt (und straßenbahnfahrenden Lektoren wahrscheinlich seit über 40 Jahren Schweißausbrüche beschert).

Warum die Wiener das tun, ist mir genauso ein Rätsel wie die ganze Tante-Inge-Sache. Vielleicht hat es damit zu tun, dass der gemeine Wiener ganz einfach Angst vor allem Geradlinigen hat: Wer meint, was er sagt, gilt ihm als unvornehm und einfallslos (und wahrscheinlich deutsch). Vielleicht will der Wiener seine Sprache auch nur genauso mit barocken Schnörkeln verzieren wie seine Stadt. So oder so ist die Sprache hier dermaßen von neurotischen Passivkonstruktionen und kaskadesken Umwegsätzen geprägt, dass sogar dem unbeholfensten Chatbot graust. Und falls irgendjemand an dieser Stelle noch ernsthaft denkt »Also so umständlich sind Österreicher auch wieder nicht«, sage ich nur: Bitte schaut euch an, wie lange ich gebraucht habe, um hier zum Punkt zu kommen.

93. GRUND

WEIL MAN IM WIENERISCHEN WEDER ÜBER SEX NOCH ÜBER LIEBE REDEN KANN

Apropos zum Punkt kommen: Noch schlimmer als das Sprachlabyrinth, das Wiener gern um Fragen oder Aufforderungen bauen, sind wahrscheinlich nur die lokalkolorierten Begriffe aus dem Sex-Nimbus. Wenn der Wiener erst mal anfängt, über Geschlechtliches zu reden, sagen sich Semantik und Sexualtrieb gute Nacht. Schuld daran ist neben der körperlichen Befangenheit, die wir mit möglichst derben Ausdrücken von unserem geschlechtslosen Alltag zu entkoppeln versuchen, sicher auch, dass der Wiener Dialekt prädestiniert dafür ist, mit seiner gezogenen Aussprache wie ein langsam auslaufendes Furunkel zu klingen.

So wird jedes Körperteil zu einer Eiterbeule, und jedes Wort klingt nach Saftspur. Ein paar Kostproben: Zu Geschlechtsverkehr sagen wir gerne »pudern«, ausgesprochen als »budan«, oder wenn's ein bisschen mehr sein soll auch Dinge wie: »Die Oide bucken« (seine Freundin vornüber bücken) oder: »Ins Brunzfleisch einiteifln« (cannot compute). Für den weiblichen Schambereich haben wir das schöne Wort »Fut« – ausgesprochen wie das englische »food«, aber mit extra texanischer Kaugummi-Dehnung, um die mythische

Eigenschaft dieser Region als zumindest sprachliches Bermuda-dreieck hervorzuheben.

Und nicht nur beim Sex, sondern auch bei der Liebe ist unser verbales Talent eher auf Anfängerniveau angesiedelt; was allerdings auch kein Wunder ist, wenn man bedenkt, wie krampfhaft man hier alleine schon die direkte Anrede umgeht, geschweige denn jeder Intimität ausweicht. Tatsächlich können wir nicht mal »Ich liebe dich« sagen, ohne entweder wie Quasimodo (im Dialekt) oder ein Navigationssystem (in wienerischem »Hochdeutsch«) zu klingen. Und was ist eine Sprache bitte schön wert, in der man nicht mal halbwegs entspannt sein Herz ausschütten kann, außer wenn es um Dreck und Grind und modrigen, morbiden Menschenabfall geht? Unter inneren Werten versteht man in Wien Cholesterin, Blutdruck und alles andere, was man in den Eingeweiden messen kann; entsprechend ist auch unsere intime Sprache eine vom Wühlen im Gedärm gezeichnete und flatscht gelegentlich aus dem Mund ins Ohr wie ein abgetrennter Arm in einem Splatterfilm. Verdammt, wir verwenden sogar dasselbe Wort für Vagina, Ohrfeige und Mund. Wenn das nicht alles sagt, weiß ich auch nicht.

94. GRUND

WEIL WIENER NICHT BEGREIFEN, DASS SIE KEIN HOCHDEUTSCH SPRECHEN

Noch so eine sprachliche Eigenart der Wiener, die in Hauptstädten generell vermehrt vorkommt und hier zur Perfektion pervertiert wurde, ist die fixe Vorstellung, als Einziger in seinem Kulturkreis die richtige Form der eigenen Sprache zu beherrschen. Das geht im Fall von Wien sogar so weit, dass man nicht nur auf die österreichische Provinz herabblickt, wo die Menschen dem Einvernehmen nach wie lobotomisierte Gewichtheber klingen, sondern auch genauso verächtlich auf Deutschland hinunterschaut, dessen hemdsärmliges Deutsch den Leuten hier im Vergleich zum österreichischen Deutsch circa vorkommt wie Esperanto im Vergleich zu Latein. Das wäre auch alles nur halb so lustig, wenn es nicht gleichzeitig so unbegründet wäre; denn was der Wiener spricht, ist nicht so sehr Hochdeutsch als eher ein eigener Dialekt, der sich ein paar Kerneigenschaften mit dem Deutschen teilt und den Rest karikiert. Es ist ein bisschen wie mit dem Niederländischen: Nur weil »Stufe« hier so heißt, wie das, was man auf ihr im Deutschen tut – nämlich »trede« –, heißt das noch lange nicht, dass die beiden Sprachen identisch sind, auch wenn sie denselben Stamm haben.

Um zu veranschaulichen, was gemeint ist, hier ein hypothetisches Telefonat von zwei Wienern, die sich für den Abend verabreden wollen:

»Treff ma sich um acht Uhr?«

»Neeeeeiiiin, acht schaff ich ur nicht, ich geh grad erst z'Haus.«

»Geht sich neun Uhr bei dir aus?«

»Ich weiß nicht. Wenn ma so früh mit dem Fortgehen anfangen, muss ich um eins sicher wieder speiben.«

»Geh komm, sei ned so ein Lulu, ich hab notfalls eh Alka Seltzer einstecken.«

»Letztens hab ich auch in die Abwasch g'spieben.«

»Nachdem ma beim Heurigen waren?«

»Ja, da wo ich den ganzen Sturm getrunken hab.«

Und das sind noch nicht mal die wildesten Beispiele. Wiener sagen »Fisole« statt grüne Bohne, »Gelse« statt Mücke, »heuer« statt dieses Jahr, »Mehlspeise« statt Dessert, »Faschiertes« statt Hackfleisch, »Knödel« statt Klöße, »Sackerl« statt Tüte, »Tixo« statt Tesa, »Semmel« statt Brötchen, »Tschick« statt Zigarette – und wissen dabei in den meisten Fällen noch nicht mal, dass es in weiten Teilen des deutschen Sprachraums anders heißt. Betriebsblindheit gehört eben zum Wiener Eignungstest.

WEIL AUTOREN HIER NUR HOFNARREN SIND

In seiner Lobhudelei auf Wien schrieb das *Zeit Magazin* Ende 2015: »Tatsächlich werden Schriftsteller und Autoren in Wien auffallend hoch geachtet.« Das klingt ein bisschen, als wäre Wien ein elektrisierendes Epizentrum voller Freigeister und Mäzene, wo das Publikum zum Kniefall vor den Kreativen neigt und man eigentlich nur seinen Notizblock und seinen Tabak auf den Tisch legen muss, um im Beisl seiner Wahl mit Freibier angebetet zu werden. Es erinnert mich auch an meine eigene Einschätzung, als ich mit gerade mal 18 Jahren nach Wien kam und die Tage wahlweise im Studentenheim vor meinem ersten Computer mit Internetanschluss (und entsprechend hoher Porno-Durchlaufrate) verbrachte oder mich zum Schreiben in irgendwelche Cafés setzte, in denen man sich mit einer Melange automatisch das Recht auf drei Gläser Leitungswasser mitbestellte und ungestört vom Konsumdruck anderer Lokale seine bedeutungsschwangeren Tagebucheinträge auf die absichtlich kaffeerandverzierten Raufaserseiten fetzen konnte.

Irgendwie hatte ich damals auch das Gefühl, »auffallend hoch geachtet« zu werden. Rückblickend betrachtet liegt das an zwei Dingen: Erstens, weil auffallend hoch eine relative Kategorie ist, die auch dann schon stimmt, wenn man nicht mit einem Besen davongejagt wird. Und zweitens, weil man als junger Slacker dazu neigt, Ignoranz mit Akzeptanz zu verwechseln. Heute sitze ich im Café wenn überhaupt, dann an einem anderen Tisch (weil ich heute weniger prätentiös bin als damals und nie an einem Kaffeehaustisch so tun würde, als wären meine Alltagsdurchzugsgedanken so wichtig, dass ich meine Umwelt unbedingt an ihrem krampfhaft analogen Entstehungsprozess teilhaben lassen müsste, wenn ich sie genauso gut auf dem Weg in ein besseres Lokal in Evernote festhalten kann). Wenn ich dann irgendwo in meiner Nähe die nächste Generation meines jüngeren Ichs sitzen und kritzeln und Leitungswasser trinken sehe, dann sehe ich keine auffallende Hochachtung. Ich sehe einen Kellner, der sich denkt: »Künstler, hm? Da hast du.« Ich sehe ein Umfeld, das sich mit typisch wienerischer Schadenfreude daran ergötzt, dass jemand anders keine Gefahr für sie darstellt, weil er keine Ambitionen hat, in ihrem Fahrwasser zu fischen.

Wie zu den Zeiten von Peter Altenberg dürfen Autoren auch heute noch gnädigerweise im Kaffeehaus herumsitzen und werden nicht sofort von den Tischen verstaubt, wenn zwei Touristen antanzen, um gemeinsam einen »Einspänner« zu bestellen (nicht zuletzt, weil man sowieso glaubt, dass Touristen diese Behandlung erwarten). Aber genau wie zu den Zeiten von Peter Altenberg verdienen die meisten einen Scheißdreck und müssen sich mit Spenden am Leben halten.

Es ist ein bisschen so, wie man in Indien Transsexuellen ein paar Rupien zusteckt, weil diese als heilig gelten und Spenden Glück bringt – aber das heißt noch lange nicht, dass man sie als gleichwertige menschliche Wesen betrachtet oder am selben Tisch wie sie essen möchte. Manche von ihnen werden durch die Gesellschaft geschleift, wie Michael Köhlmeier, manche werden an die Wand geworfen, in der Hoffnung, dass etwas von ihnen kleben bleibt, wie Peter Handke, manche werden vom Boden aufgekratzt, wie Elfriede Jelinek, und manche werden in der Luft zerstäubt, wie Wolf Haas. Die allermeisten sind allerdings keine dieser vier, und abgesehen von bestenfalls noch zehn weiteren können sie in der Regel nicht vom Schreiben leben. Ja, Schreiber genießen ein gewisses Ansehen in Wien; sie genießen den Ruf des Hofnarren, der für uns am Rand der bürgerlichen Welt vor sich hin blödelt und den man sich eben gerne ansieht, solange man selbst an einem anderen Tisch sitzt.

WEIL DIE ENGLISCHKENNTNISSE EIN WITZ SIND

Wenn es um Umfragen geht, die uns in irgendeiner Form bauch-pinseln, sind österreichische Medien in der Regel sehr gut darin, die Pressemitteilungen der jeweiligen PR-Agentur unhinterfragt zu stenografieren. Das stimmt bei jedem neuen Ranking zur Lebens-qualität, das Wien auf Platz 1 listet, aber auch in Bezug auf unsere Fremdsprachenkenntnisse. Immerhin passt beides zu unserem Selbstbild: Schön haben wir's hier, ja geradezu »beautiful«. Außer-dem gehört es längst zum guten Ton, sich selbst zumindest perfek-te Englischkenntnisse zu unterstellen. Schließlich hört man Radio und kann bei manchen Refrains sogar ein bisschen mitsingen. Dass die meisten Wiener dabei wirken wie Arnold Schwarzenegger bei einem Sissi-Lip-Sync-Battle, ist ihnen vielleicht bewusst, tut aber nichts zur Sache, solange die Wiener ohnehin nur englisch spre-chen; eben wenn sie mal einen Refrain mitsingen oder einen Film-dialog falsch zitieren.

Treffen wir auf echte Amerikaner oder andere Urlauber, die Englisch tatsächlich in ganzen Sätzen sprechen, und können der direkten Kommunikation nicht mehr schnell genug ausweichen, weil sie uns mit ihrer entwaffnenden Offenheit bereits in ihren Bann gezogen haben, schaffen wir in schönstem Schulbuchenglisch meistens genau ein »How do you do?«, bevor das Funkeln in den Augen unseres gerade noch auf Kennenlernen geeichten Gegen-übers erlischt und wir uns für ihn in den Jungen von der Kinder-Schokoladen-Packung verwandeln.

Einmal hörte ich neben mir, wie ein Mann mit Aktenkoffer einer Touristin folgende Wegbeschreibung mitgab: »You go Karlsplatz, zis wäh circa two Minuten.« Es würde mich wundern, wenn die Besucherin jemals wieder irgendwohin gefunden hätte. Ein anderes Mal, als ich im nobleren Teil der Innenstadt Weihnachtsgeschenke einkaufen war, erklärte eine Verkäuferin ihrer offenbar durstigen Kundin: »You become the water in a minute from the Kollegin.« Beides waren Menschen, die sich mit hoher Wahrscheinlichkeit schon mal selbst die Schuhe gebunden und vielleicht sogar über eine englischsprachige Homepage navigiert haben – und trotzdem hätte es keiner von ihnen ohne Übersetzer bei der US-Einreisebehörde vorbeigeschafft.

Aber wer weiß, vielleicht ist die bewusste Verweigerung gegenüber Weltsprachen ja auch Absicht. Zumindest ziehe ich das in Betracht, seit ich vor Kurzem in der U-Bahn einen Telefonmonolog von jemandem gehört habe, der sich gegenüber Fremdsprachen etwas mehr geöffnet hatte: »Man merkt bei mir einfach, dass ich auf einem humanistischen Gymnasium war«, sagte der circa 20-Jährige. »Andere müssen sich behelfsweise Englisch aus Rap-Songs aneignen, in meinem Umfeld wurde hingegen immer großer Wert auf Latein und Französisch gelegt. Dadurch kann ich meine Gedanken auch viel besser artikulieren, was zu weniger Frustration im Alltag führt.« Um ein Haar hätte ich ihm mit einem »You should be ruhig, or I kick you zis wäh in zwei Minuten, you shit you« geantwortet.

97. GRUND

WEGEN DER ALLGEMEINEN AVERSION GEGENÜBER FREMDSPRACHEN

Wenn auf den Straßen, in den Bims oder auch in den Bussen jemand in Hörweite etwas anderes als Deutsch (braver Inländer) oder Englisch (guter Tourist) spricht, klingeln beim Wiener sofort die Alarmglocken. Er reagiert dann gerne wie Donald Sutherland am Ende von *Invasion of the Body Snatchers* – nur nicht mit offensichtlichem Fingerzeigen und lautem Schreien, sondern mit bohrenden Blicken und passivaggressivem Schnauben.

Die gesprochene Sprache wird auch am häufigsten als Argument vorgebracht, wenn man Wiener zwischen Beisl-Tür und Angel fragt, was sie über Ausländer oder Zuwanderer denken: »Die sollen sich auf Deutsch unterhalten«, »Wo kommen wir denn da hin«, »Auf der Straße versteht man ja kein Wort mehr«. Das ist vor allem deshalb lustig, weil der Wiener nichts weniger gern tut, als sich mit fremden Menschen zu unterhalten. Man könnte also meinen, dass es egal sei, in welcher Sprache man nicht miteinander redet. Aber das ist am irrationalen Gemüt der Wiener vorbei gedacht. Nur weil sie mit niemandem reden wollen, heißt das noch lange nicht, dass sie nicht wissen wollen, ob die anderen nicht eventuell über sie reden. Es ist die totale Pervertierung des Gläsernen-Menschen-Arguments: Wer fremdspricht, hat etwas zu verbergen. Wer nichts zu verbergen hat, der lässt sich auch in die Gespräche hineinhören – und zwar in verständlich und auf Deutsch, bitte schön. Wer jetzt denkt, das sei zu viel der Paranoia, dem muss ich an dieser Stelle leider einen Plakatspruch der FPÖ antun, die für den Schulhof bereits 2013 forderte: »Deutsch als Pausensprache – damit auch du weißt, was über dich gesprochen wird!« Ja, der Wind weht von rechts, aus Neurosenrichtung.

WEIL WIR WELTMEISTER IM DEUTSCHLANDHASS SIND

Wie schon an anderer Stelle erklärt, spießen sich Österreicher und Deutsche oft am Gespür für die Sprache des jeweils anderen. Es passt eben nicht nahtlos zusammen, wenn der eine »Mach ma« und der andere »Eventuell könnte jemand, falls es keine Umstände macht« fordert. Aber so gleich wir im gegenseitigen Unverständnis sind, so unterschiedlich sind die Gefühle füreinander, die wir daraus ableiten. Während Deutsche Österreicher nämlich vorrangig knuffig und sympathisch, aber auch ein bisschen lobotomisiert und vor allem auf naturbelassene Art ehrlich finden, haben sich Österreicher ihren deutschen Kosenamen zu Herzen genommen und scheißen tatsächlich in die Schlucht zwischen den beiden Kulturen.

Das sieht und hört man schon am Wort »Piefke«, dem der Pejorativ auch völlig ohne »Scheiß« als Präfix eingeschrieben ist und das vor allem laut ausgesprochen klingt, als würde jemand gerade eine Shotgun mit innerstädtischem Hundekot nachladen. Man merkt es auch daran, wie Österreicher Deutsche immer ein bisschen so behandeln wie Willy Wonka die dicken Kinder in der Schokoladenfabrik: vordergründig nett, aber mit keinem gesteigerten Interesse daran, dass diese überleben. Am deutlichsten aber wird die Kluft, in die wir kacken, alle zwei bis vier Jahre, wenn in unserem kollektiven Keller Inventur gemacht wird – und zwar beim großen Meinungs-Flohmarkt namens Fußball-Großevent.

Jedes Mal, wenn wieder eine EM oder WM ansteht, erlebt unser passivaggressiver Hinten-herum-Habitus eine erfrischende Auszeit. Medien, Fans und auch unbeteiligte fußballferne Schichten kramen dann ihre derbsten Sager und ältesten Vorurteile ganz ungeniert aus dem Untergeschoss an die Oberfläche. Was man sich in Bezug auf Juden inzwischen verkneifen muss, kann man während der WM zum Beispiel problemlos über den viel breiter akzeptierten Deutschen-Hass kanalisieren. Wie das österreichische *paroli*-Magazin analysiert hat, herrscht hier eine 2-Klassen-Diskriminierung, die für viele erst sichtbar wird, wenn man »Piefke« durch andere ethnisch geprägte Schimpfwörter ersetzt; wie etwa »Tschuschen« oder »Kanaken«. Aus irgendeinem Grund scheinen wir das Bruder-Bashing zu brauchen; und leider machen die Deutschen es uns durch ihre großäugige, nette, direkte, viel zu wenig verschlagene Art auch viel zu einfach, sie mit unserem Hass zu umgarnen.

WEIL FUSSBALL-RASSISMUS
BEI UNS MEDIENSACHE IST

Die Eventfußball-Zeit ist also unsere Version von The Purge, bei der kurzfristig alle Anstands- und Verhetzungsregeln zugunsten des gemeinschaftlichen Druckablassens außer Kraft gesetzt werden. Eine Art moralische Mondfinsternis, während der jeder ein bisserl Bestie sein darf.

Fairerweise muss man sagen, dass wir Wiener mit unseren Ausfälligkeiten international nicht alleine dastehen. Geneigte Ballfreunde erinnern sich vielleicht an den Siegesauftritt der deutschen Nationalmannschaft und ihre mitreißende Performance von »So gehen die Gauchos«; und auch umgekehrt stehen billige Länderklischees gegen Deutsche nie so hoch im Kurs wie dann, wenn Deutschland einmal Tore schießt, wie etwa die *Huffington Post* zeigte, als sie den exzessiven Gebrauch von »Nazi« als Schimpfwort auf Twitter während eines Spiels von Deutschland gegen die USA analysiert hat.

Der gar nicht so unwesentliche Unterschied zwischen Österreich und dem Rest der Welt ist nur, dass der Fußball-Rassismus überall sonst von Einzelpersonen ausgeht. Hier in der Hauptstadt der Widerwart können sich die Menschen mit ihren Meinungen hingegen schön hinter den Medien verstecken, weil diese mit gutem Beispiel vorangehen.

Und weil man so eine Gelegenheit eben nur schwer auslassen kann, hat sich bei der letzten WM auch das BILD'sche Boulevardblatt *Kronen Zeitung* mitreißen lassen und ihren »meinungsmutigen« Kolumnenspucker Michael Jeannée mit ein paar ans Nazistische bordende Pointen vorpreschen lassen. 2014 schrieb er – gewandet in seine beste Amok-Garnitur an Wortwitzen – vom »Endspielsieg« und den »deutschen Tugenden in elf Sportlern«, die die deutsche

Mannschaft über »die ganze Fußballwelt« heraufbeschwören würde. Gags, Gags, Gags.

Ganz Österreich, waren die Nazireferenzen in der Abendausgabe enthalten und in der Morgenausgabe aus dem Text entfernt. Damit niemand sagen konnte, die *Krone* würde nicht allen geben, was sie wollen. Und um Unklarheiten zu vermeiden: Mir geht es hier auch nicht um »Political Correctness«, die von beiden politischen Außenlagern als gegenseitiges Totschlagargument benutzt wird (die einen dafür, die anderen dazu gezwungen).

Worum es mir aber sehr wohl geht, ist der Vorwand, unter dem solche Parolen immer dann ausgepackt werden, wenn die Stimmung im Land nach eigenem Ermessen gerade günstig dafür steht oder man sich vom Event-Taumel dazu hinreißen lassen hat. Grundlegend gilt: Kein Event ist eine ausreichende Ausrede für Dinge, die außerhalb desselben Events auch nicht okay wären. Wer seine Gesinnung auch nüchtern und abseits kollektiver Hysterie (ob diese nun tatsächlich vorhanden ist oder nur als Ausrede benutzt wird) argumentieren kann, bitte schön. So stellt man sich wenigstens offen der Diskussion, macht sich angreifbar und muss für seine Ansichten einstehen. Wer aber versucht, sich gesinnungstechnisch immer in den blinden Fleck zu positionieren und mit seinen Meinungen im Windschatten von Massenveranstaltungen mitzufahren, hat schon verloren. Auch ganz ohne »Endsieg«-Witz.

ANDERWEITIG
UNTERDRÜCKTES

WEIL UNSER GRÖSSTES PROBLEM
»ZWEITE KASSA BITTE!« HEISST

Es gibt ein Naturschauspiel in den Supermärkten von Wien, das fast auf einer Ebene mit der Aurora Borealis und dem Schattenspiel bei den Pyramiden von Chichén Itzá steht, nur dass es viel häufiger vorkommt. Jedes einzelne Mal, wenn die Warteschlange an der Kassa auf über fünf Menschen anwächst, tritt eine weise, alte Person aus der Reihe und spricht, mit dem Brustton der Berechtigung: »Zweite Kassa bitte!« Der Ausruf klingt in echt natürlich viel gepresster und gejammerter und müsste sich als Transkript circa so lesen: »Zweeeiiiiiteeeeee Kassaaaaaa biiiiiiiitteeeeeee!«, obwohl natürlich kein geschriebenes Wort der Welt dem tiefsitzenden Lamentieren und dem slawischen Singsang des leidenden Wiener Kassen-Duktus gerecht wird.

Das Phänomen sagt einiges über die Wiener Seele aus. Kaum entsteht eine Warteschlange, wird der Wiener sofort misstrauisch und denkt zuallererst nicht etwa an den großen Andrang oder die überforderte Kassakraft; er denkt zuallererst, dass ihm jemand sein Recht auf eine schnelle Zahlungsabwicklung abspenstig machen will, wahrscheinlich aus einer renitenten Verweigerungshaltung heraus, damit er sich den restlichen Tag über mehr ärgern muss. Alles andere ist für ihn nur schwer denkbar. Und es ergibt ja auch am meisten Sinn – immerhin vermutet man bei anderen am ehesten, wie man selber am ehesten denkt, und der Wiener neigt eben dazu, es dem Wiener (also: sowohl sich selbst, als auch: einander) schwer zu machen. Vermutlich, weil man nur so wirklich sichergehen kann, dass es wenigstens niemandem besser geht als einem selbst.

Das Schöne am Phänomen von »Zweite Kassa bitte!« ist, dass es für jeden Teilnehmer des Rituals eine Schlüsselrolle in seinem Tagesablauf einnimmt: Für die Alten in der Form der Prophezeiung und des Jammers, für die anderen wahlweise in der Gestalt der Beipflichtung oder des Beklagens. So passiert es manchmal, dass sich die gesamte Warteschlange im Zuge von nur drei Worten in zwei antike Chöre verwandelt, die gegeneinander anschnauben und sich bald auf die beiden Kassen aufteilen, womit sie entweder ihr Grundvertrauen in den bestehenden Kurs oder ihre stetige Ungeduld ausdrücken wollen und sich bis zum Zücken der Geldbörse weiter um die schnellere Schlange battlen. Natürlich wird nicht viel gesprochen, aber die Augen zucken wie verrückt zwischen dem Förderband der Fremden (also der anderen Kassa) und den eigenen Waren hin und her, während man sich wahlweise von dem weisen Greis, der die Teilung der Schlange in Gang gesetzt hat, oder vom Rest der eigenen Schlange Rückversicherung holt und insgeheim auf den Moment hinarbeitet, wenn man selbst endlich so alt und weise ist, um dieses dynamische Schauspiel in Gang zu setzen. Wer solche Probleme hat, braucht keine Freude mehr im Leben.

101. GRUND

WEIL MAN BEI UNS ANGST VOR ABTRENNSCHIEBERN HABEN MUSS

Die Supermarkt-Kassa ist in Wien ein prägender Ort. So prägend, dass ein Unterkapitel alleine nicht reicht, um alle hier zutage tretenden Facetten unserer Seele zu erfassen. Neben dem antiken Schauspiel um den »Zweite Kassa bitte!«-Ruf gibt es auf dem Weg zum erfolgreichen Einkauf nämlich noch eine zweite Hürde, die man verstehen muss, um Wien zu verstehen: und zwar den Einsatz der Abtrennschieber vor und hinter den eigenen Waren auf dem Laufband.

Nirgendwo kommt die passivaggressive Art der Wiener besser zur Geltung als hier, wenn man vergisst, seinen Einkauf durch die bereitgestellten Abtrennschieber von den Produkten des nachfolgenden Shoppers abzugrenzen. Dabei gibt es nur ein Problem: In unserem kulturellen Kodex ist nicht klar geregelt, ob man für den Abtrennschieber vor oder doch eher den nach seinem Einkauf zuständig ist, was von ganz alleine zu unangenehmen Versäumnissen und genauso unguten Momenten der Maßregelung führt. Daher erlebt man nicht selten, wie eine inbrünstig wütende Person vor oder hinter einem den Abtrennschieber demonstrativ fest zwischen die beiden Produkthäufchen stellt und gewissermaßen symbolisch ins Kassalaufband gräbt, während sie ziemlich laut seufzt, um einem zu signalisieren, dass man offenbar unfähig ist, sein Leben alleine auf die Reihe zu bekommen. Es ist zwar nur ein kurzer Moment, aber ein sich stetig wiederholender. Die Abtrennschieber-Maßreglung kommt damit auf lange Sicht circa dem militärischen Drill im ersten Drittel von *Full Metal Jacket* gleich und führt, wenn auch nur innerlich, in etwa zum gleichen Ergebnis wie bei Vincent D'Onofrios Charakter. Kaum irgendwo anders können Wiener ihre sublime Hörigkeit gegenüber völlig willkürlichen Regeln und ihr tief verankertes Bedürfnis, jedem Menschen zu sagen, »wie sich die Dinge gehören«, so gut ausleben wie beim nachdrücklichen Niederlegen des Abtrennschiebers – und kaum irgendwo sind schon so viele junge Wiener Seelen gebrochen wie hier, an diesem schnaubenden Schlachtfeld der Konventionsreiterei.

Ein anderes Problem ist übrigens, dass die Schieber im Alltagssprachgebrauch nicht mal einen Namen haben, weshalb ich hier Abtrennschieber als Behelfswort benutze und einfach darauf hoffe, dass jeder versteht, was in etwa gemeint ist (zur Sicherheit: Ich rede von den kleinen im Querschnitt wahlweise drei- oder viereckigen, etwa 30 Zentimeter langen Stäben, die neben der Kassa aufliegen und zur Markierung von Anfang und/oder Ende des eigenen Einkaufs auf dem Kassalaufband verwendet werden). Dass wir nicht mal ein Wort für etwas so Wichtiges haben, mit dem wir uns noch dazu täglich mindestens einmal mit sehr viel Hass auseinandersetzen, zeigt ziemlich eindrucksvoll, was für eine erkaltete Beziehung wir sogar zu unseren intensivsten Hassmomenten pflegen.

102. GRUND

WEIL WIR SELBST FÜR ROLLTREPPEN REGELN HABEN

In Wien gibt es nichts, was zu klein oder unbedeutend für sein eigenes Regelwerk wäre. Das gilt eben auch für Rolltreppen, wo die Direktive »Rechts stehen, links gehen« heißt, und jeder, der es wagt, sich nicht ganz rechts an den Rand zu drücken, wird – genau wie in der lokalen Politik – schnell als Fremdkörper und Eindringling wahrgenommen, gebrandmarkt, beschimpft und schließlich in seine Heimat zurückgewünscht.

Als Ortsunkundiger versteht man das Ganze wohl nur, wenn man als Tonspur dazu David Attenborough aus dem Off hört. Der Naturbildnacherzähler und *Planet Erde*-Kommentator würde die Situation (wenn er denn Deutsch spräche) vielleicht so kommentieren: »Hier sehen wir einen Touristen, der eine Rolltreppe betreten hat – achtlos und unwissend, wie eine Antilope, die sich an die Wasserstelle begibt, ohne vorher den Horizont nach Anzeichen eines Angreifers abzusuchen. Der Tourist ist am Ende seiner Kräfte, mitgenommen vom harten Sightseeing-Programm, das ihm seine Herde abverlangt hat. Zum ersten Mal von seinesgleichen getrennt, will er sich nun rasch in den kühlen U-Bahnschacht retten, um alleine den Weg in seine sichere Höhle anzutreten, während der Rest seines Rudels gerade die dritte Stadtrundfahrt des Tages antritt. Er atmet schwer, so als wüsste ein Teil von ihm, dass alles Weitere seinem Schicksal überlassen ist. In seiner Achtlosigkeit stellt sich der Tourist mittig auf die Stufe, den Blick durchs exotische Menschendickicht streifen lassend. In dem Moment passiert es. Ein Wiener nähert sich behände dem Opfer. Sein Gang graziös, sein Blick fixierend. Der Wiener betritt die Rolltreppe. Er rempelt schwächere Passanten zur Seite. Mit majestätischer Präzision streift er die arglos über die Mitte der Rolltreppenstufe ragenden Taschen, abstehenden Extremitäten und hervorlugenden Kinderköpfe. Er ist der Spitzenprädator in seinem Habitat. Niemand stellt sich ihm in den Weg. Bis er schließlich bei unserem Touristen ankommt. Gleich der Antilope, die zum Opfer ihres Durstes wird, steht der Tourist auf der falschen – der linken – Seite der Rolltreppe und ahnt noch immer nichts von seinem Schicksal. Da setzt der Wiener zum Überholmanöver an. Wie ein Gepard nimmt er Anlauf, nimmt dabei einen gigantischen Luftschwall in sich auf. Dann ist es so weit. Er hat den Touristen erreicht. Zuerst täuscht er einen Passierversuch auf der ordnungsgemäßen linken Seite der Treppe an, von dem der Wiener weiß, dass er misslingen muss. Der Tourist weiß währenddessen noch gar nicht, wie ihm geschieht. Er spürt nur den drängenden Körper eines hitzigen Einheimischen an seinem Rücken. Als Nächstes windet sich der Wiener, immer noch gepardengleich, rechts an unserem Touristen vorbei. Zoologen nennen diese Bewegung den passivaggressiven Gewissensbiss-Einfädler. Damit deutet der Wiener an, um wie vieles umständlicher er sich nun über die Rolltreppe bewegen muss, und versucht zugleich, beim Touristen auf sublime Art ein schlechtes Gewissen zu erzeugen. Während seiner Überholbewegung stößt der Wiener die vorab eingesogene Luft schnaubend durch den Nasenkanal aus, wobei er sichergeht, dass sein Opfer mindestens einen Lungenflügel voll in seinem Gesicht zu spüren kommt. Als finale Demütigung holt der Wiener zur verbalen Schelte aus und markiert das mental geschwächte Touristentier mit einer kurzen, aber effizienten Tirade aus Sätzen wie ›Lern erst mal lesen‹, ›Wie lang bist du bitte gestillt worden?‹ und ›Schau nicht so, sonst schaust gleich gar nicht mehr, Gschissener‹. Danach taucht der majestätische Wiener unter anhaltendem Schimpfen über Touristen, Fremde und das Prinzip der Reisefreiheit im Großstadtdschungel unter. Am Ende der Rolltreppe angekommen, verlernt der Tourist kurzzeitig, zu gehen und stolpert über seine eigenen Füße. Die Jagd war erfolgreich.«

WEIL UNSERE VERKLEMMTHEIT NUR AUF KIRCHENFASSADEN AUFBRICHT

Der Stephansdom, oder auch Steffl, ist nicht nur eine der bekanntesten Kirchen der Welt, sondern – neben dem viel jüngeren und etwas profaneren Riesenrad – das wichtigste Wahrzeichen von Wien. Typisch für Österreich und bezeichnend für Wien ist die Kathedrale je nach Definition wahlweise im 13., 14. oder 18. Jahrhundert entstanden und wird so sehr als Herzstück von Wien gesehen, dass alle Hausnummern in allen Straßen der Stadt ausgehend von hier aus aufsteigend angeordnet sind. Der Stephansdom ist eine Eminenz, ein Leuchtturm des Anstands, ein moralischer Kompass, der passend zu Wien nicht in irgendeine bestimmte Himmelsrichtung, sondern einfach interpretationsspielraumgebend nach oben zeigt.

Aber der Stephansdom ist noch mehr. Nämlich die wahrscheinlich versauteste Kirche der Welt. Direkt vor den ahnungslosen Augen Hunderttausender Besucher prangen auf der Fassade des Stephansdoms zwei Penisse und eine Vagina, und weder die Touristen noch die meisten Wiener haben auch nur die leiseste Ahnung davon, dass sie quasi direkt auf die exponierten Steinbildnisse von Pimmeln und Muschis schauen.

Auch ich habe viele Jahre direkt durch die Geschlechtsteile hindurchgeschaut, die gar nicht so versteckt wie Wasserspeier links und rechts vom Hauptportal thronen. Den Hinweis bekam ich dann von einer schillernden Figur namens Jeanette Baroness Lips von Lipstrill – Wiens letzter Kunstpfeiferin, die 1924 als Mann in Böhmen geboren wurde, seit einer geschlechtsangleichenden Operation

1964 als Frau lebte und 2005 an einer Grippe in Wien verstarb, nachdem sie im Jahr zuvor noch das Goldene Ehrenzeichen für Verdienste um die Republik erhalten hatte. Ich erwähne die Baroness im Zusammenhang mit den Pimmel- und Muschi-Skulpturen an der Kirchenfassade nur, weil es das Verhältnis der Wiener zu Verklemmtheit so passend auf den Punkt bringt: Eine geschlechtsangeglichene Kunstpfeiferin, die abgesehen von ihrer Operation die bravste, biederste Altwiener Diva verkörpert, zeigt mit dem Finger auf die Abgründe ihrer Heimatstadt, die eigentlich für alle erkennbar ausgerechnet in eine Kirchenmauer eingearbeitet sind und ohne sie wahrscheinlich trotzdem unentdeckt geblieben wären. Ich weiß gar nicht, wie viele Matrjoschka-Puppen ich im Kopf gerade aufmachen musste, während ich diesen Satz geschrieben habe; beziehungsweise, wie viele ich wieder zumachen muss, damit das Universum nicht vor lauter sexueller Ambivalenz implodiert.

Abgesehen davon, dass das Versteckspiel in aller Öffentlichkeit ziemlich gut zu Wien passt – ich nenne das »donaumetropolitane Schocktarnung« –, sind die Skulpturen wahrscheinlich das katholisch-versaute Äquivalent zu Penis-Kritzeleien auf Hausmauern, die beweisen, dass wir einerseits immer schon ziemlich kindisch und andererseits noch nie gut im Umgang mit Sexualität waren. Statt eines gesunden Verhältnisses hatten wir immer eher Inzucht unter Adeligen, Bordellbesuche im Bürgermilieu und häusliche Gewalt quer über alle Schichten.

Laut Baroness Lips von Lipstrill ist der Stephansdom die einzige Kirche der Welt, bei der Vulva und Phallus den Eingang flankieren. Wie viele schmutzige Details über unsere aufgetakelte, zurechtfrisierte Stadt die Baroness sonst noch wusste und mit ins Grab nahm, wissen nur die Spatzen.

WEIL WIR KEINE WARTESCHLANGENKULTUR HABEN

Wie schon gesagt sind Wiener cholerisch, kurztemperiert und rufen im Supermarkt ab einem gewissen Grad des Zellverfalls sofort »Zweite Kassa bitte!«, während wir uns gleichzeitig entschleunigt, provinziell und fast schon aufdringlich gemütlich gebärden. Wir haben zwar meistens nichts vor, aber eben auch keine Geduld. Und entsprechend schwer tun wir uns auch, wenn die Umstände von uns verlangen, dass wir uns in so etwas wie einer Warteschlange anstellen sollen. Ich rede nicht nur von Supermarktkassen, wo die Aufregung eine Art antikes Drama in Gang setzt, bei dem alle gern mitspielen, sondern von wirklich jeder Einrichtung, die auf dem Prinzip der seriell geschalteten Abfertigung basiert. Sobald beim Bäcker, im Kino oder auf dem Amt mehr als zwei Personen hintereinander warten, bricht eine Stimmung aus, die man vielleicht am besten mit dem Ladensturm kurz vor großen Naturkatastrophen oder Kriegen beschreiben kann.

Wiener vergessen, wie sie heißen, verlernen zu atmen und steigen förmlich übereinander, um sich das Warten in der Reihe zu ersparen. Und weil die Situation jedes Mal so bedrohlich wirkt (und jeder selbst schon mal auf der falschen Seite einer solchen Schlange gestanden hat), gibt es auch unter den Menschen am anderen Ende des Schalters keinerlei regulierendes Eingreifen. Jeder lässt jeden gewähren, und alle drehen ein bisschen gemeinsam durch. Dass Menschen wie in den USA stundenlang völlig tiefenentspannt auf den Eintritt in den Vergnügungspark warten oder Leute wie in Großbritannien sogar vom Personal ermahnt werden, wenn sie versuchen, sich vorzudrängen, ist in Wien völlig unvorstellbar. Es gilt rein das Überleben des Stärkeren – was gleich zu noch mehr Panik führt, weil man insgeheim weiß, dass man selbst fast nie dazuzählt.

Sartres Hölle mögen die anderen sein; aber Wiens Vorhölle besteht aus einer Schlange an Menschen, die sich sogar für den Eintritt in diese Hölle gegenseitig zur Seite boxen.

105. GRUND

WEIL WIR IMMER NOCH TITELHÖRIG SIND

Über die Wiener Obsession mit akademischen Titeln wurde schon viel gesagt; aber noch lange nicht genug. Zumindest nicht, solange die Gattin eines Mediziners nach wie vor als »Frau Doktor« in ihrer Stamm-Trafik begrüßt wird und Menschen sich immer noch die akademischen Kürzel aus ihrem Uniabschluss auf die Bonuskarte ihres Supermarkts setzen lassen, nur um die Fallhöhe zwischen sich und der Kassakraft noch ein bisschen auszubauen. Man könnte an dieser Stelle versuchen, das Ganze historisch zu erklären, und einiges über das Bildungswesen und Kaiser Joseph II. bis hin zur Abschaffung von Adelstiteln nach der Monarchie sagen.

Aber alles, was man tatsächlich wissen muss, ist, dass Wiener beim Arztbesuch auch heute noch schneller an die Reihe kommen, wenn auf ihrer e-Card ein »Magister« (Mag.), »Diplomingenieur« (Dipl.-Ing.) oder gar »Doktor« (Darf ich Ihnen einen Kaffee bringen?) dem Namen vorangestellt ist. Dabei empfindet der Wiener auch keinerlei Scham oder Unrechtsbewusstsein gegenüber seinen nicht universitär gebildeten Mitmenschen; man hat ja schließlich auch etwas dafür gearbeitet, niemand hat einem irgendetwas geschenkt, und das bisschen Stolz wird ja wohl mit Verlaub noch gestattet sein.

Auch gegenüber dem Ausland ist man völlig schmerzfrei, wo Titel in Reisepässen oder auf Visitenkarten nicht nur unvorstellbar, sondern gerne auch der Anlass für komplizierte Erklärungen (»No, my first name is not Dipling«) und sehr peinliche Rechtfertigungsversuche (»Wenn es nach mir ginge, würde das da gar nicht stehen, aber diese Leute am Amt!«) sind. Alles nimmt man lieber in Kauf, als in Wien nackt und ohne Titelnachweis durch die Straßen zu mäandern, wie der gemeine Pöbel, von dem man sich in mindestens vier Jahren beschwerlichen Partymachens während des Studiums mühsam zu distanzieren trachtete.

106. GRUND

WEIL DIE LEUTE HIER DAS LAUTSTÄRKE-EMPFINDEN VON BIBLIOTHEKAREN HABEN

Wie es sich für eine grundkatholische Stadt gehört, ist niemand hier besonders gut darin, andere ihren Spaß haben zu lassen – schon gar nicht, wenn dieser Spaß die Umwelt belästigt. Stattdessen bittet sich der Wiener nach innen gekehrte Ruhe von seinen Mitwienern aus; am liebsten natürlich als Ausdruck von kontemplativer Erschöpfung vor dem Leben, notfalls aber auch als geräuschneutrale Alternative zu lautstarker Lebensbejahung, wie man sie von Partys oder Clubs kennt. Der noble Bezirk Innere Stadt (auch 1. Bezirk) hatte viele Jahre eine konservative Bezirksvorsteherin, die sich aktiv gegen »Tingeltangel« in ihrem Revier einsetzte und die Verschärfung der Cluböffnungszeiten zu ihrem Steckenpferd machte, weil das nun mal die dringendsten First-World- oder eigentlich: First-District-Problems sind, mit denen das für seine ausschweifende Rüpelhaftigkeit und besondere Partyqualität bekannte Wien zu kämpfen hat. Wahrscheinlich ist es überflüssig zu erwähnen, dass besagte Bezirksvorsteherin sich bevorzugt mit Lederhandschuhen und Stola auf ihre Sheriff-Tour begab (represent!) und in Interviews gerne so schockierende Schwänke erzählte wie jenen über das eine Mal, als sie im Souterrain eines Nobelhotels untergebracht wurde (pardauz!), oder über das andere Mal, als sie einer Bettlerin ein

Brötchen spendierte und diese nicht sofort in ewige, anhaltende Dankbarkeit ausbrach und ihrer Retterin fortan im Schatten nachkrabbelte. Diese Dinge gehören als Bezirksvorsteher der Inneren Stadt wahrscheinlich genauso dazu, wie man als Clubbesitzer schon mal das eine oder andere Glas Rum mit seinen Gästen kippen muss. Allerdings sollte man auch Letzteres in Wien besser nur unter geräuschneutralem Zuprosten in einem Club ohne Musik machen.

Ein Freund von mir ist Clubbesitzer am Rande der Inneren Stadt, und obwohl sein Club, das SASS, im Keller liegt, eine Schallisolierung hat und durch einen unbewohnten Zwischenstock von den Nachbarn getrennt ist, hatte er regelmäßig Probleme sowohl mit Anwohnern als auch der Stadt. Vielleicht sollte man noch erwähnen, dass der Club an einer vierspurigen Straße liegt, die jeden Ton, der potenziell beim Öffnen aller Eingangsschleusen gleichzeitig entfleuchen könnte, sofort vom mechanischen Autolärm (laut, aber wenigstens kein Spaß!) zermahlen wird. Auf Anordnung ließ er auch eine Lärmbelastungsmessung durchführen. Diese kam zu folgendem Schluss: Die Lärmbelastung durch den Club ist auf Erdgeschosshöhe für die Anwohner in etwa vergleichbar mit einem lauten Blätterrascheln im Herbst. Jetzt haben wir natürlich nicht das ganze Jahr über Herbst. Aber bei Menschen, die in einer Großstadt leben und dabei das Lautstärkeempfinden eines nervenkranken Yogakursleiters, der früher Manager war, ein Burnout hatte und jetzt mit seinen Freunden, die »die Firma Österreich« ablehnen, auf einem Selbsterhalter-Vierkanthof im Waldviertel lebt, haben, muss man sich doch die Frage stellen, ob in ihrem Kopf nicht doch schon länger Winter ist.

WEIL DIE LEUTE HIER GERNE
IM NAMEN ALLER SPRECHEN

Aber das Problem mit der Lautstärke wäre kein wienerisches, wenn es nicht auch tief ins Privatleben einschneiden würde. Niemand hier hatte im vergangenen Halbjahr nicht mindestens eine Hausparty, die von der Polizei aufgelöst wurde, weil um Punkt 22:01 Uhr ein anonymer Beschwerdeanruf beim nächsten Wachzimmer einging. Das wäre abgesehen von der Pedanterie und Penetranz, mit der man sich gegenseitig zum Blockwart macht, nichts Besonderes, wenn die einzelnen Beschwerdeführer nicht immer auch im Namen aller sprechen würden.

Als ich in meine erste eigene Wohnung einzog, hatte ich am Tag der Einweihungsparty schon um 23:00 Uhr meinen direkten Nachbarn vor der Türe stehen, der mir zwischen zusammengepressten Zähnen kleinlaut mitteilte, dass er ja nicht so sei, aber die anderen Nachbarn so etwas gar nicht so gerne sehen würden. Er erzählte mir sogar sehr detailliert die Original-Story des Hauses und all seiner Bewohner, während er gleichzeitig versuchte, mit seinen Händen Löcher in seine Hosentaschen zu bohren, und immer wieder Luft durch seine Zähne ansog, was vermutlich heißen sollte »Andere Menschen würden hier vielleicht lachen«. Nach zehn Minuten hatte ich zu unserem Haus ein Universum von der Komplexität (und Rückwärtsgewandtheit) von *Herr der Ringe* im Kopf und bedankte mich für die hilfreichen Tipps.

Ich weiß noch, dass ich seine Hingabe bewundert habe; immerhin wohnten wir zwar Wand an Wand, aber unsere Wohnungen waren nur über zwei unterschiedliche Treppenhäuser im Innenhof zugänglich und lagen außerdem im vierten Stockwerk ohne Lift. »Dem muss wirklich viel daran liegen, dass mich die anderen Nachbarn hier mögen«, dachte ich. Zwei Wochen später, als ich gerade mit einer Freundin Film schaute, hörte ich plötzlich einen Wortschwall durch den Hof hallen, der ein bisschen klang wie Hitler im Schnellvorlauf. Als ich nachschaute, entdeckte ich meinen freundlichen Nachbarn auf dem Balkon, wo er wie ein Klammeraffe über das Gitter hing und dabei etwas schrie, was die Satzteile »Terror«, »Tod« und »jedes Wort aufnehmen« beinhaltete. Ich fand ihn danach immer noch nett, aber auf eine andere Art. Anstelle von Dankbarkeit für seine empathische, umsichtige Aktion empfand ich Mitgefühl und auch ein bisschen Bewunderung für seine Kreativität beim Entwerfen komplexer Innenhofwelten. Ich stellte mir vor, dass seine Wände voller Fotos und Namen und Querverweise der Hausbewohner waren, wie die Organigramme von Mafia-Familien in einem Undercover-Film, nur damit er sich seine Geschichte selbst merken konnte.

Es war jedenfalls sehr lehrreich und hat meine Sinne für Formulierungen geschärft, in denen sehr selten »ich« und sehr häufig »alle anderen« vorkommen. Das ist nicht vollkommen neu, und es ist auch nicht ausschließlich in Wien so. Als Hunter S. Thompson in den 60er-Jahren eine Geschichte über rassengetrennte Wohnviertel in Amerika schrieb, kam er zu dem Schluss, dass kein einziger Hauseigentümer sich selbst, aber jeder Hauseigentümer alle anderen für rassistisch hielt – nach dem Motto: Ich hätte ja nichts dagegen, aber meine Nachbarn ... Die Besonderheit an Wien ist nur, dass man sich hier nicht auf Projektivaussagen und Mutmaßungen beruft, sondern gerne auch mal ganz direkt Geschichten erfindet, solange es dem Zweck dient (und dieser Zweck ist in der Regel, nichts zu sagen und trotzdem recht zu haben).

Nach meiner letzten Einweihungsparty hing am nächsten Tag ein Zettel vor der Türe, auf dem stand: »Das hier ist ein ruhiges Haus, bei uns gibt es so etwas nicht.« Ich habe ihn abgenommen, unter den ersten Satzteil »Jetzt nicht mehr« und unter den zweiten Satzteil »Jetzt schon« geschrieben. Seither gab es noch einige lautere Partys und keine einzige Beschwerde mehr.

WEIL WIENER NUR IM KOPF REBELLIEREN

Nicht jedes Land kann wie Frankreich sein. Okay: Zum Glück ist nicht jedes Land wie Frankreich. Aber in Sachen Protest- und Streikkultur könnte sich wahrscheinlich so ziemlich jedes Land eine Scheibe abschneiden. Und egal, wie föderal Frankreich auch aufgebaut ist, sein Rückgrat hat es vom politischen Protestgeist der Pariser. In Paris müssen Banker in zerfetzten Hemden über Zäune klettern, hier ist keine ernsthafte Demo komplett, bevor nicht mindestens ein Dutzend Autos angezündet werden, und Protestierende reagieren auf Tränengas-Kartuschen, indem sie gemeinsam mit dem Mundschutz ihren Tennisschläger auspacken. Sogar der Käse hier ist widerspenstig und lässt sich nicht einfach schneiden, sondern rinnt einfach aus der Form, wie es ihm passt.

In Wien ist nicht nur der Käse viel zäher und zahmer. Hier verursachen Politiker eine milliardenschwere Bankenkrise, die uns den Spitznamen »kleines Griechenland« einbringt, Demos haben manchmal fünfminütige Sitzblockaden fürs Fotoalbum auf Facebook, und ein Protest gilt als entgleist, wenn einige Schaufensterscheiben in der Innenstadt eingeschlagen werden. Sicher, vielleicht ist einfach alles viel besser als in Paris. Womöglich hat uns die Sozialdemokratie vor dem Schlimmsten bewahrt und nicht nur in Watte gepackt, wie es manchmal den Anschein hat. Und eventuell gibt es einfach nichts, wofür es sich das teure Benzin anzuzünden lohnte. Aber wer den Wiener an seinen Handlungen misst, hat ihn ohnehin nicht verstanden. Der Wiener ist kein Akteur, er ist ein Denker. Er tüftelt Gemeinheiten aus und denkt sich seinen Teil zu dem Schlamassel, das die Mächtigen ihm eingebrockt haben. Nur weil er nichts tut, heißt das noch lange nicht, dass er zufrieden ist. Im Gegenteil. Aber man wird ja nicht gleich die Sachen in die Hand nehmen müssen wie der gemeine Pöbel!

Der österreichische Journalist und Fernsehmoderator Teddy Podgorski hat es im Interview mit dem *Kurier* so formuliert: »Der Österreicher kuscht zwar, aber plant gleichzeitig irgendeine Gemeinheit dagegen. Er lässt am Klo nicht hinunter oder so.« Besser kann man die passivaggressive Natur des Wieners eigentlich nicht beschreiben. Aber noch viel bemerkenswerter als die ziemlich akkurate Analyse der österreichischen Seele ist, in welchem Zusammenhang sie gefallen ist. Podgorski wurde im Interview nämlich gefragt: »Ist das Buckeln vor den Mächtigen etwas sehr Österreichisches?« Das Bemerkenswerte: Seine Antwort begann nicht mit dem obigen Zitat. Bevor er die österreichische Klospülung ins Spiel brachte, schickte Podgorski noch voraus: »Nein, in Deutschland kuschen sie wirklich.« Erst dann nannte er, quasi als widerspenstige Antithese zum deutschen Kuschen, die insgeheime Gemeinheit des Österreichers – weniger als Anklage, sondern vielmehr als verborgene Heldentat (wenn auch oft nur in Gedanken). Und das trifft die österreichische Seele erst richtig ins Schwarze: Irgendwie schaffen wir es, uns unser komplettes Kuschen als verborgenes Widerständlertum zurechtzureden. Rebellion passiert bei uns im Kopf. Also dort, wo wir eigentlich auch immer noch Kaiserreich sind. Und Rebellion deshalb gar nicht so nötig haben.

109. GRUND

WEIL WIR UNS AM LIEBSTEN AUS PRINZIP AUFREGEN

Wien ist sicher. Wien ist sauber. Wien ist so aufgeräumt und zurechtgezupft, dass es sich auf den ersten Blick kaum von seinem Kartenabbild auf Google Maps unterscheidet (abgesehen von den Tierexkrementen, aber es ist nur eine Frage der Zeit, bis Google Streetview in Wien den Blickwinkel eines scheißenden Hundes anbietet und auch diese letzte Diskrepanz beseitigt ist). In Wien gibt es keine Müllberge, keine ausgeschlachteten Autokarossen, keine wirklich verwahrlosten Gegenden. Wien ist wie eine Filmkulisse oder ein Adventure-Spiel: Es gibt keine Zufälle, und jeder Gegenstand, der irgendwo herumsteht, tut dies mit voller Absicht und aus sehr gutem Grund.

Deshalb ist es auch kein Wunder, dass Wiener über die Zeit gelernt haben, sich bei jedem Objekt, das aus dem perfekt manikürten und gestreamlineten Stadtbild heraussticht, zu fragen, was es damit auf sich hat und was das bitte schön soll. Der Instinkt sagt uns: Wenn ein Mülleimer schief steht, liegt vielleicht mehr im Argen. Wo ein Auto parkt, obwohl es nicht darf, dort ist der bewaffnete Banküberfall nur den Wimpernschlag einer schnell blinzelnden Dame, die vom Balkon aus nach Alltagstragödien Ausschau hält, entfernt. Wien bildet gemeinsam mit Zürich und Luxemburg die Eckpunkte eines Bermudadreiecks, in dem nicht Schiffe, sondern Verunreinigungen und statistische Ausreißer verschwinden. Nirgendwo sonst auf der Welt gibt es auf so wenig Platz so viele der saubersten Städte der Welt (Stand 2015) wie in diesem zentraleuropäischen Dreieck der Biederkeit.

Und weil wir unter keinen Umständen riskieren wollen, dass sich daran etwas ändert, sind wir besonders achtsam, wenn es darum geht, darauf hinzuweisen, dass sich manche Dinge nicht so gehören oder gefälligst anders zu sein hätten. Da ist es nur recht, kopfschüttelnd neben jemandem stehen zu bleiben, der augenscheinlich zu viel Spaß hat (er könnte ja seine Umwelt mit hineinziehen), oder auch wild zu hupen, wenn jemand eine Straße wenige Zentimeter neben dem Zebrastreifen (und dann vielleicht auch noch leicht schräg statt in aller gebotenen Unterordnung gegenüber der städteplanerischen 90-Grad-Geometrie) überquert. Wenn dann auch noch jemand bei Rot über die Straße geht, kann man sich sicher sein, dass die Person von anderen Fußgängern aufs Schärfste verurteilt und ermahnt wird; vorzugsweise nicht in der direkten Ansprache, sondern über den Umweg der Kommunikation mit dem eigenen Kind oder Hund: »Schau, Waldi/Angelika, das ist ein schlimmer Mensch, der bei Rot über die Straße geht und keinen Respekt vor seinem Leben hat.«

Dass meistens weit und breit kein Auto kommt, tut nichts zur Sache. Es geht eben nicht um reelle Gefahren, es geht ums Prinzip. Man macht gewisse Dinge einfach nicht, sonst könnte ja jeder kommen und alles machen. Das beginnt vielleicht beim Überqueren einer Kreuzung, aber es endet damit, dass Menschen zu Wilden degenerieren und auf offener Straße defäkieren.

In der Medienpsychologie gibt es den Grundsatz: Je näher etwas passiert, umso betroffener ist man auch emotional davon. In Wien gibt es das Motto: Je weniger betroffen man ist, umso besser lässt es sich darüber aufregen. Aus Prinzip. Weil sonst ja jeder kommen könnte.

110. GRUND

WEIL ES IN WIEN KEINE ZIVILCOURAGE GIBT

Da sich der Wiener mit Vorliebe in Sachen einmischt, die ihn nichts angehen, könnte man meinen, er wäre auch der perfekte Kandidat, um sich in Sachen einzumischen, die jeden angehen sollten. Die Vermutung ist grundsätzlich nachvollziehbar: Wer so gut auf abweichlerisches Verhalten geschult ist, dass man aus einem Kilometer Entfernung bemerkt, wenn jemand seinen Zigarettenstummel nicht ausgedämpft auf die Straße wirft, der sollte eigentlich auch in der Lage sein, zu bemerken, wenn im gleichen U-Bahn-Waggon eine Frau belästigt wird oder zwei Meter neben ihm ein Obdachloser stirbt. Aber wer so vernünftig denkt, hat die Rechnung ohne den Wiener gemacht. Das einzig Vernünftige hier ist der Preis, den wir für Öffis bezahlen.

Erst im Mai 2016 kam es zu zwei Vorfällen, von denen mir Freundinnen erzählten: Im einen Fall beobachtete eine Frau, wie eine andere Frau von einem Mann an den Haaren durch eine U-Bahn-Station gezerrt wurde – bei Tageslicht und vor zahlreichen Fahrgästen, die alle nur zuschauten. Im anderen Fall wurde eine Freundin von einem vermutlich geistig verwirrten Mann an die Hauswand gedrängt und gewürgt, weil sie »hier nichts verloren« habe – auch bei Tageslicht und vor zahlreichen Passanten, die ebenfalls nur zuschauten. Eine Arbeitskollegin erzählte vor einiger Zeit in einem Artikel auf *VICE* davon, wie häufig sie oder ihre Bekannten bereits von Männern in Ecken getrieben wurden und sich Sätze wie »Dich fick ich heute noch«, »Blas mir einen« oder »In India they would rape, kill and burn you« anhören mussten. Aber zumindest ist in all diesen Fällen nichts Gröberes passiert, könnte man sagen. Es ist nicht so, als wäre wirklich zwei Meter neben jemandem ein Obdachloser gestorben, könnte man sagen.

Das stimmt. Abgesehen vom 25. Dezember 2014, als eben doch ein Obdachloser vor den Augen sehr vieler Fahrgäste und weniger als zwei Meter von ihnen entfernt gestorben ist. Der Mann lag am ersten Weihnachtsfeiertag auf dem Boden eines U-Bahn-Liftes und wurde von sämtlichen Passanten ignoriert. Später stellte sich außerdem heraus, dass die U-Bahn-Aufsicht weniger Rundgänge als vorgeschrieben absolviert hatte. Auch die Überwachungskameras konnten nicht helfen.

Das alles ist auch im wohlbehüteten Wien nicht Alltag und vor allem deshalb so nennenswert, weil es nach wie vor die absolute Ausnahme darstellt. Aber das Prinzip, das sich dahinter abzeichnet, ist in dieser Stadt leider universell: Der Wiener schaut gerne, lästert noch lieber und mischt sich am allerliebsten in Dinge ein, die niemanden etwas angehen. Aber nur so lange, wie es dem voyeuristischen Ventilieren und affektfreien Abreagieren dient. Sobald es ernst wird, ist der schauerprobte Wiener mit einem Schlag erblindet.

Das ist bei aller Traurigkeit insofern ein bisschen lustig, als man in Wien gerne betont, wie furchtbar unpersönlich und ignorant das Leben in anderen Großstädten verläuft; am liebsten mit dem Beispiel, dass in New York niemand auch nur Blickkontakt hält, während man in Wien jeden ohne Angst anschauen kann. Aber ich habe beide Städte erlebt und muss sagen, dass die Wiener hier zwei Dinge grundlegend miteinander verwechseln. In New York schaut man aus Respekt weg, schreitet aber im Notfall immer ein. Ich habe schon im Financial District Banker ihre Koffer fallen lassen und Frauen zu Hilfe eilen sehen, die von drei Typen umzingelt waren, weil diese Courage dort einfach selbstverständlich ist. In Wien schaut man aus Neugier immer hin, rennt aber im Notfall davon.

FINALES

WEIL MAN ES TROTZ ALLEM EINFACH LIEBEN MUSS

Ja, Wiener verstehen absichtlich keine andere Bezeichnung für großes Bier als »Krügerl«, das für niemanden außerhalb von Wien jemals nach einem großen Bier klingen wird, weil sie ihren ganzen unterdrückten Regionalpatriotismus in die Sprache verfrachtet haben.

Ja, der offizielle Stadtslogan »Wien ist anders« ist bestenfalls fatalistischer Blödsinn, mit dem man sich breit gefächerte Neurosen schönreden kann, und wenn man wirklich so etwas wie glaubhaftes Städte-Branding betreiben würde, müsste es viel eher »Wien: Muss es auch geben« heißen.

Ja, wir haben einen neuen Hauptbahnhof gebaut, gleichzeitig den alten Westbahnhof zur »BahnhofCity« erweitert und uns erst danach überlegt, dass das eine dem anderen eventuell die Kundschaft abziehen könnte, weshalb wir bezeichnenderweise beides irgendwie weiterhin nebeneinander herlaufen lassen, weil es immerhin Wien, eh alles wurscht und uns die sadistische Verwirrung der Reisenden auch ein bisschen ein Anliegen ist.

Ja, unser Pop – egal ob als Musik oder Literatur – ist nichts anderes als der verzweifelte Versuch, ohne Sakko genauso wichtig zu sein wie Falco (oder unsere Großeltern) und irgendwann mit mehr als zwei Fremdwörtern im Feuilleton geadelt zu werden.

Ja, unsere Volksverbundenheit reicht bei aller mentalen Derbheit bestenfalls bis zum Ende des nächsten Würstelstandbiers, und sogar unsere ach so arbeitsklassischen Bierpoeten und -poetinnen lesen ihre Gemeindebau-und-Beisl-Romantik nicht in Gemeindebauten oder Beisln, sondern nur vor Kunstuni-Studenten.

Ja, wir haben hier Theater, die mit der Kunstform circa gleich viel gemeinsam haben wie *Sharknado* mit Film und nur deshalb so heißen, damit biedere Volkskunstfreunde auch noch ein anderes Hobby als Aktienkurse haben und sich bei Streitereien im öffentlichen Raum schön wie in einem Nestroy-Stück echauffieren können.

Ja, unsere Einstellung gegenüber Fremden und Zuwanderern ist nach wie vor so klassisch, dass die Menschen hier wirklich noch beeindruckt sind, wenn Schwarze Walzer tanzen können oder deutsch sprechen.

Ja, unser Allgemeines Krankenhaus sieht aus wie die Kulisse eines Terry-Gilliam-Films und hat neben seinem gehirnwindungszerstörenden, antiintuitiven Grundriss auch im 21. Jahrhundert noch so erfrischend rückwärtstreue Ambulanzen, dass man Frauen (konkret eine Kollegin) beim Versuch, die Pille danach zu bekommen, ernsthaft in moralinsaurem Bevormundungston mit »Sind Sie zu dumm, um zu verhüten?« entgegnet.

Ja, wir regen uns gleichzeitig über den Mangel an Künstlergegenden und über Gentrifizierung auf, weil wir uns nicht entscheiden können, was schlimmer ist: eine ausgetrocknete Vorstadtwüste oder die Kunstgalerien in Ottakring.

Ja, wir kokettieren gern mit dem Abgründigen und Morbiden, dem Nasenbohren und dem Leichenstochern und glauben von uns selbst, die Klobürsten unter den Großstädtern zu sein, die ihre Borsten leidenschaftlich gern an Scheiße reiben und an denen aus magischen Gründen trotzdem nichts davon kleben bleibt.

Ja, wir sind unausstehlich, weil wir es gleichzeitig satt haben, uns ständig zu empören, aber vor lauter Sattsein auch schon wieder überfressen sind, was natürlich ein neuer Grund ist, um zu raunzen.

Und das Gute in Wien ist: Man braucht kein Aber, um trotzdem hierzubleiben und es zu lieben. Weil Argumente die Werkzeuge der Schwachen sind, die mit ihrem Verstand und ihrer Logik arbeiten, anstatt sich einfach mal von der Stimmung hier mitnehmen zu lassen und mit einem gemeinen Wienerlied auf den Lippen und einem alles verfluchenden Raunzen in Gedanken den Höhenflug zu genießen, den uns die internationalen Medien und Personalagentur-Umfragen bescheren.

Und man kann es ihnen auch nur schwer verdenken – außer man ist Wiener, dann kann man auch mit einem ganzen Buch dagegen anschreiben. Denn auch, wenn vielleicht die Fakten in den Lobhudeleien fragwürdig sind, muss man sich eines vor Augen halten: Ohne Wien wäre Österreich erst richtig trist. Bei der letzten Bundespräsidentschaftswahl zwischen dem grünen Kandidaten Alexander Van der Bellen und dem freiheitlichen Kandidaten Norbert Hofer haben im ersten Durchgang der Stichwahl 63,32 Prozent der Wiener Van der Bellen gewählt. Nur ein einziger Bezirk ging an Hofer – Simmering, die Heimat von Maxl aus dem Gemeindebau mit seinem schwierigen Verhältnis zu Frakturschrift und Hitlergrüßen.

Inzwischen hat sich politisch längst schon wieder einiges getan. Zuerst wurde die Wahl von den rechten Freiheitlichen angefochten, dann vom Verfassungsgerichtshof eine Wahlwiederholung beschlossen – und schließlich die Wahlwiederholung um gut zwei Monate verschoben, weil sich herausstellte, dass der Kleber an den Brief-Wahlkarten nicht hielt und man bei der offiziellen Wahl-Hotline besorgten Anrufern den gut gemeinten Tipp gab, die Wahlkarten doch einfach mit einem Klebe-Stick wieder zu verschließen. Es war, als würde sich nicht nur der Leim von den Laschen, sondern ein bisschen auch die Demokratie vor unseren Augen auflösen. Wer es davor ernsthaft noch bezweifelt hatte, wusste spätestens jetzt Bescheid: Österreich ist ein Witz und Wien ist seine Pointe. Der »Schlendrian« ist hier so tiefsitzend, die Gleichgültigkeit so groß und die Unfähigkeit so allumfassend, dass man das Land sofort unter kollektive Quarantäne stellen und aus der internationalen Staatengemeinschaft ausschließen sollte. Wer zu dumm zum Wählen (und zur Bewerkstelligung einer ordnungsgemäßen Wahl) ist, hat die Demokratie nicht verdient.

Im Jahr 2089, wenn Richard Lugners in Formaldehyd eingelegten Kopf das Land mit einer Armee an geklonten Maxls regiert, werden die Menschen auf die Wahlen 2016 zurückblicken, die man dann nur noch unter dem mythischen Namen »Das Große Bösbös« kennt, und herzlich über die Zeiten lachen, als wir noch dachten, dass es bei Wahlen um politische Entscheidungen gehe. Das tut es natürlich nur am Rande. Der Rest ist Bürokratie, Vererbung, Persönlichkeit, Lifestyle. Das klingt alles ziemlich beunruhigend – vor allem, weil mit jedem Fuck-up des heutigen Systems der traditionalistische, reaktionäre Schmonzes ein bisschen an Fahrt gewinnt –, aber es hat auch eine Kehrseite. Denn der Schmonzes ist, wie das Van-der-Bellen-Ergebnis der nunmehr aufgehobenen Wahl zeigt, in erster Linie ländlich. Wien ist nicht das Beste, aber zumindest ist es ein Bollwerk gegen den Bullshit aus den Bundesländern.

Jedes Mal, wenn bei irgendeinem rechten Politzirkus die John-Otti-Band auftritt und ihre geschlechterverfestigte Österreich-Hymne spielt, blitzt die Gewissheit durch: Das wäre Österreich, wenn Wien nicht wäre.

Wien hat also gerade Auftrieb – auch wenn man nicht genau sagen kann, ob es wirklich am weltweiten Hype oder vielleicht doch an den Gasen aus der Kanalisation liegt. In Wahrheit ist es auch ein bisschen egal. Weil der wirklich beste Grund, Wien zu lieben, die leider noch viel schlechteren Alternativen sind.

111 GRÜNDE, MÜNCHEN ZU HASSEN

DIE STADT SO, WIE SIE WIRKLICH IST
MÜNCHEN VON SEINER SCHLECHTESTEN SEITE

111 GRÜNDE, MÜNCHEN ZU HASSEN
DIE STADT SO, WIE SIE WIRKLICH IST
Von Eva Wuest
ca. 288 Seiten | Taschenbuch
ISBN 978-3-86265-609-7 | Preis 9,99 €

München zu lieben ist einfach. München zu hassen ist einfacher. München hat alles, was es fürs gute Leben in der Postmoderne braucht: Grünflächen, um nicht weiter über Klimawandel reflektieren zu müssen, Geld, um nicht weiter über Armut reflektieren zu müssen, nationalsozialistische Vergangenheit, um nicht weiter über demokratische Zukunft reflektieren zu müssen – und genug Menschen, die sich trotzdem für postmodern halten. Es gibt nichts, was man vermissen könnte im Silicon Valley des gehobenen Lokalpatriotismus. Jedenfalls nicht, solange man es noch vor 20 Uhr in den Tengelmann schafft. Nicht, solange man konservativ wählt, katholisch ist und 20 Euro pro Quadratmeter zahlen kann. Wer Student ist, wird ausgelagert, wer Punk ist, abgeführt. Subkultur? Vorbei. Widerstand? Unmöglich. Willkommen in der Stadt, die uns alle irgendwann umbringt.

111 GRÜNDE, SEINEN CHEF ZU HASSEN

TYRANNEN, FANATIKER UND SELBSTDARSTELLER – WENN DER BOSS DICH IN DEN WAHNSINN TREIBT!

111 GRÜNDE, SEINEN CHEF ZU HASSEN
TYRANNEN, FANATIKER UND SELBSTDARSTELLER –
WENN DER BOSS DICH IN DEN WAHNSINN TREIBT!
Von Ralph Stieber
ca. 288 Seiten, Taschenbuch
ISBN 978-3-86265-575-5 | Preis 9,99 €

Der Traumjob wird zum Albtraum, und schuld daran ist der Chef. Warum? Weil Chefs Tyrannen sind. Weil Chefs Dummköpfe sind. Weil Chefs Psychopathen sind. Es gibt tausend gute Gründe, seinen Chef zu hassen.

Autor Ralph Stieber hat in seinem Buch seine 111 wichtigsten Gründe zusammengefasst und enthüllt Schockierendes und Unglaubliches aus der Arbeitswelt. Es gibt Hoffnung für alle, die sich täglich zur Arbeit schleppen und sich fragen: Kann man sich denn überhaupt nicht gegen den Chef zur Wehr setzen? Doch – kann man. Dieses Buch enthält zahlreiche provokante Denkanstöße und erprobte Überlebens-Tipps im Umgang mit dem schlimmsten Feind am Arbeitsplatz: dem Chef.

Diese Buch gibt unterhaltsame und politisch inkorrekte Überlebenstipps im Umgang mit der Chefetage.

MARKUS LUST, * 1982, ist Chefredakteur von VICE Österreich. Er lebt seit 15 Jahren in Wien, was für manche ein Leben und für geborene Wiener natürlich nicht lang genug ist. Unter anderem veröffentlichte Lust bereits mehrere internationale Artikel zu Wien. Zuletzt widmete ihm die Washington Post einen Teil ihres Wien-Porträts.

Markus Lust
111 GRÜNDE, WIEN ZU HASSEN
Die Stadt so, wie sie wirklich ist

ISBN 978-3-86265-608-0
© Schwarzkopf & Schwarzkopf Verlag GmbH, Berlin 2016
DIE REIHE MIT DEM KACKENDEN HUND wird von Martin Brinkmann und Oliver Schwarzkopf herausgegeben. Alle Rechte vorbehalten. Dieses Werk ist urheberrechtlich geschützt. Jede Verwendung, die über den Rahmen des Zitatrechtes bei korrekter und vollständiger Quellenangabe hinausgeht, ist honorarpflichtig und bedarf der schriftlichen Genehmigung des Verlages. | Illustrationen auf dem Cover und im Buch: © fyletto/depositphotos.de; © compuinfoto/depositphotos.de; © Tawng/depositphotos.de; © artefy/depositphotos.de; © furtaev/depositphotos.de; © Dr.PAS/depositphotos.de; © rayjunk/shutterstock.com; © leremy/ depositphotos.de

KATALOG
Wir senden Ihnen gern kostenlos unseren Katalog.
Schwarzkopf & Schwarzkopf Verlag GmbH
Kastanienallee 32, 10435 Berlin
Telefon: 030 – 44 33 63 00
Fax: 030 – 44 33 63 044

INTERNET | E-MAIL
www.schwarzkopf-schwarzkopf.de
info@schwarzkopf-schwarzkopf.de